新能源汽车系列教材·微课版

新能源汽车电池及电池管理系统原理与检修

主　编　赵振宁　焦传君

全书配套资源

北京理工大学出版社
BEIJING INSTITUTE OF TECHNOLOGY PRESS

内容简介

本书针对新能源电动汽车编写，主要内容是新能源汽车"三纵"（混合动力汽车、纯电动汽车、燃料电池汽车）中混合动力汽车和纯电动汽车电池及电池的管理，燃料电池汽车尚未在国内商品化，本书不作详细介绍。

本书共分九章，第一章为新能源汽车发展史，介绍了"三纵"汽车的发展历史；第二章为电动汽车动力电池，介绍了电动汽车采用的镍氢和锂离子两种电池；第三章为蓄电池管理系统，介绍了电池管理系统的功能、技术和控制；第四章为高压配电箱原理与诊断，介绍了2种车型的高压配电箱原理与诊断，并总结；第五章为电动汽车安全管理，介绍了交流充电安全、电池失火处理、行业操作纠正、高压安全设计措施和绝缘电阻监测及报警诊断等；第六章为充电管理控制，介绍了交流充电和直流充电管理；第七章为电池管理系统故障分析方法，介绍了更换电池的作业过程和电池管理系统数据流等；第八章为典型纯电动汽车电池管理系统，介绍了吉利EV300和比亚迪E6两种车型；第九章为典型混合动力汽车电池管理系统，介绍了蓄电池供电系统、管理系统和系统检修等。

本书可作为高等院校新能源汽车技术、汽车检测与维修、汽车电子技术和汽车试验技术等汽车专业教材，也可供从事相关专业工作的工程技术人员参考。

版权专有　侵权必究

图书在版编目（CIP）数据

新能源汽车电池及电池管理系统原理与检修/赵振宁，焦传君主编．—北京：北京理工大学出版社，2019.11（2019.12重印）

ISBN 978-7-5682-7912-3

Ⅰ.①新… Ⅱ.①赵… ②焦… Ⅲ.①新能源-汽车-蓄电池-管理②新能源-汽车-蓄电池-车辆检修 Ⅳ.①U469.703

中国版本图书馆 CIP 数据核字（2019）第 251181 号

出版发行 / 北京理工大学出版社有限责任公司

社　　址 / 北京市海淀区中关村南大街5号

邮　　编 / 100081

电　　话 / (010)68914775（总编室）

　　　　　 (010)82562903（教材售后服务热线）

　　　　　 (010)68948351（其他图书服务热线）

网　　址 / http://www.bitpress.com.cn

经　　销 / 全国各地新华书店

印　　刷 / 三河市天利华印刷装订有限公司

开　　本 / 787毫米×1092毫米　1/16

印　　张 / 14.25　　　　　　　　　　　　　　　　　　　责任编辑 / 多海鹏

字　　数 / 329千字　　　　　　　　　　　　　　　　　　文案编辑 / 多海鹏

版　　次 / 2019年11月第1版　2019年12月第2次印刷　　　责任校对 / 周瑞红

定　　价 / 48.00元（含工单）　　　　　　　　　　　　　　责任印制 / 李志强

图书出现印装质量问题，请拨打售后服务热线，本社负责调换

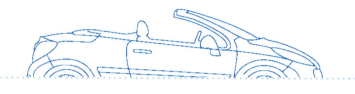

前 言

PREFACE

如果说汽车发动机电控化是汽车的第二次技术革命，那么电动汽车（纯电动汽车、混合动力汽车、燃料电池汽车）技术将是汽车的第三次技术革命。这场革命必将引起汽车产业的结构调整，在汽车研发、汽车生产和汽车售后服务这3个方面都会发生很大的变化。

为了使现代职业教育内容跟上汽车生产和售后服务的步伐，我们基于纯电动汽车和混合动力汽车编写了《新能源汽车电池及电池管理系统原理与检修》。本书针对新能源电动汽车而开发，包括了新能源汽车"三纵"（混合动力汽车、纯电动汽车、燃料电池汽车）中混合动力汽车和纯电动汽车电池及电池管理的内容，而燃料电池汽车尚未在国内商品化，本书不作详细介绍。同时，本书配有高清二维码教学资源，方便学生和教师自学。本书还配套有针对理论和实践进行任务驱动教学时需要的任务驱动工单，既有利于学生巩固所学理论，也能够对实训项目有针对性地训练。

本书共分九章，第一章为新能源汽车发展史，介绍了"三纵"汽车的发展历史；第二章为电动汽车动力电池，介绍了电动汽车采用的镍氢和锂离子两种电池；第三章为蓄电池管理系统，介绍了电池管理系统的功能、技术和控制；第四章为高压配电箱原理与诊断，讲解了2种车型的高压配电箱原理与诊断，并总结；第五章为电动汽车安全管理，介绍了交流充电安全、电池失火处理、行业操作纠正、高压安全设计措施和绝缘电阻监测及报警诊断等；第六章为充电管理控制，介绍了交流充电和直流充的管理；第七章为电池管理系统故障分析方法，介绍了更换电池的作业过程和电池管理系统数据流等；第八章为典型纯电动汽车电池管理系统，介绍了吉利EV300和比亚迪E6两种车型；第九章为典型混合动力汽车电池管理系统，介绍了蓄电池供电系统、管理系统和系统检修等。

本书由长春汽车工业高等专科学校教师赵振宁、焦传君任主编，其中焦传君编写第一、二、三、四章，赵振宁编写第五、六、七、八、九章。由于时间仓促，书中难免有瑕疵，希望读者批评指正。本书可作为高等院校新能源汽车技术、汽车检测与维修、汽车电子技术、汽车试验技术等汽车专业教材，也可供从事相关专业工作的工程技术人员参考。

本套教材由"百慕大汽车：bmdcar.com"提供作者的全套讲解视频和后台制作的资源。

编　者

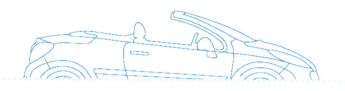

目录

第一章　新能源汽车发展史 (001)

第一节　纯电动汽车发展史 (001)
第二节　混合动力汽车发展史 (003)
第三节　燃料电池汽车发展史 (007)
一、燃料电池之父 (007)
二、燃料电池的应用 (008)
三、燃料电池汽车在各国的发展情况 (011)
四、世界各品牌燃料电池汽车发展史 (012)

第二章　电动汽车动力电池 (021)

第一节　蓄电池 (021)
一、蓄电池性能指标 (021)
二、具体电池性能指标 (025)
三、混合动力汽车对蓄电池的基本要求 (026)
四、电池开发 (026)

第二节　铅酸电池 (027)
一、铅酸电池的特点 (027)
二、铅酸电池的种类 (027)
三、铅酸电池的构造 (028)
四、铅酸电池的原理 (028)

第三节　镍氢电池 (029)
一、镍氢电池简介 (029)
二、镍氢电池的构造 (030)
三、镍氢电池的工作原理 (030)
四、充放电特性 (031)
五、实车应用 (031)

第四节　锂离子电池 (033)
一、锂离子电池的组成 (033)
二、不同锂离子电池的特点 (033)

三、锂离子电池的工作原理 …………………………………………………（036）

第五节　锂离子电池箱 ……………………………………………………………（037）

　　一、锂离子电池箱铭牌 ……………………………………………………（037）

　　二、锂离子电池箱盖 ………………………………………………………（037）

　　三、电池箱分解 ……………………………………………………………（038）

　　四、锂离子电池成组 ………………………………………………………（038）

第三章　电池管理系统 …………………………………………………………（041）

第一节　电池管理系统的功能 ……………………………………………………（041）

　　一、单体电池问题 …………………………………………………………（042）

　　二、电池成组问题 …………………………………………………………（043）

　　三、电池管理系统的功能 …………………………………………………（043）

第二节　电池管理系统的技术 ……………………………………………………（045）

　　一、SOC 的估算方法 ………………………………………………………（045）

　　二、动力电池组的安全管理 ………………………………………………（046）

　　三、电池箱热管理系统 ……………………………………………………（047）

　　四、电池组均衡方法 ………………………………………………………（047）

　　五、电池均衡技术 …………………………………………………………（048）

　　六、电池管理系统的故障诊断 ……………………………………………（048）

第三节　电池管理系统的控制 ……………………………………………………（049）

　　一、电池电量显示控制 ……………………………………………………（049）

　　二、充电电压控制 …………………………………………………………（050）

第四章　高压配电箱原理与诊断 ………………………………………………（051）

第一节　吉利高压配电箱原理与诊断 ……………………………………………（051）

　　一、吉利 EV300 高压网络 …………………………………………………（051）

　　二、高压继电器触点监控 …………………………………………………（053）

第二节　比亚迪 E6 高压配电箱原理与诊断 ……………………………………（055）

　　一、高压配电箱简介 ………………………………………………………（055）

　　二、高压上电流程 …………………………………………………………（056）

第三节　高压配电箱诊断总结 ……………………………………………………（060）

　　一、带电测量高压配电箱 …………………………………………………（060）

　　二、高压配电箱组装注意要点 ……………………………………………（060）

　　三、高压注意 ………………………………………………………………（061）

　　四、低压参考点的选取 ……………………………………………………（061）

　　五、高压直流保险丝测量 …………………………………………………（062）

六、高压直流继电器测量 ……………………………………………………（063）

第五章　电动汽车安全管理 ……………………………………………（064）

第一节　汽车交流充电安全 …………………………………………（064）

一、变压器中性点埋地 ……………………………………………（064）

二、用电器不漏电的交流电流路径 ………………………………（065）

三、有保护接地漏电的交流电流路径 ……………………………（066）

四、无保护接地漏电的交流电流路径 ……………………………（066）

五、车载充电机的接地保护 ………………………………………（068）

六、接地的双检测 …………………………………………………（069）

第二节　电池失火和爆炸的处理 ……………………………………（069）

一、电池失火和爆炸的危险性 ……………………………………（069）

二、电池失火和爆炸的处理 ………………………………………（070）

第三节　过防护及错误的行业操作纠正 ……………………………（071）

一、不同领域电压等级在汽车上的乱用 …………………………（071）

二、行业操作错误 …………………………………………………（071）

三、高压系统操作资格 ……………………………………………（072）

第四节　高压安全设计措施 …………………………………………（073）

一、被动安全技术 …………………………………………………（073）

二、主动安全技术 …………………………………………………（073）

第五节　绝缘电阻监测 ………………………………………………（075）

一、确定绝缘电阻的大小 …………………………………………（075）

二、绝缘电阻检测方法 ……………………………………………（076）

三、高压产品壳体共地 ……………………………………………（078）

四、绝缘电阻动态监测 ……………………………………………（079）

五、绝缘检测无法识别的情况 ……………………………………（079）

第六节　高压绝缘报警的诊断方法 …………………………………（079）

一、绝缘电阻表 ……………………………………………………（079）

二、高压线路绝缘检查原则 ………………………………………（080）

三、高压元件绝缘检查 ……………………………………………（080）

第六章　充电管理控制 …………………………………………………（084）

第一节　电池充电方法 ………………………………………………（084）

一、常规充电方式 …………………………………………………（084）

二、快速充电方式 …………………………………………………（085）

三、无线充电方式 …………………………………………………（086）

四、V to X ……………………………………………………………………（088）
第二节　充电机功能简介 …………………………………………………………（089）
　　一、充电桩 ………………………………………………………………………（089）
　　二、充电机功能 …………………………………………………………………（089）
　　三、充电功能 ……………………………………………………………………（090）
　　四、监控功能 ……………………………………………………………………（090）
　　五、显示功能 ……………………………………………………………………（091）
　　六、通信功能 ……………………………………………………………………（091）
　　七、电动汽车智能充电及管理 …………………………………………………（092）
第三节　传导式充电接口 …………………………………………………………（093）
　　一、充电接口形式 ………………………………………………………………（093）
　　二、充电模式和插头颜色 ………………………………………………………（094）
　　三、符号标志 ……………………………………………………………………（095）
　　四、交流充电接口 ………………………………………………………………（095）
　　五、直流充电接口功能 …………………………………………………………（096）
　　六、充电接口工作原理 …………………………………………………………（097）
第四节　吉利汽车车载充电机 ……………………………………………………（099）
　　一、车载充电机箱 ………………………………………………………………（099）
　　二、吉利车载充电机（2017年款） ……………………………………………（100）
第五节　一汽奔腾车载充电机 ……………………………………………………（102）
　　一、车载充电机功能 ……………………………………………………………（102）
　　二、独立式车载充电机 …………………………………………………………（103）
　　三、车载充电机组成 ……………………………………………………………（104）
　　四、充电故障 ……………………………………………………………………（106）
第六节　交流充电管理 ……………………………………………………………（106）
　　一、交流充电桩 …………………………………………………………………（106）
　　二、交流充电桩原理 ……………………………………………………………（107）
　　三、报警检测与控制电路 ………………………………………………………（108）
　　四、弱电控制系统 ………………………………………………………………（111）
第七节　直流充电管理 ……………………………………………………………（111）
　　一、直流充电桩充电接口 ………………………………………………………（111）
　　二、充电控制流程 ………………………………………………………………（112）
　　三、直流充电桩结构组成 ………………………………………………………（113）
　　四、直流充电模块 ………………………………………………………………（114）
　　五、直流充电桩工作原理 ………………………………………………………（115）

六、直流充电桩不充电的故障诊断 (119)

第八节 充电过程控制 (120)

一、直流充电原理 (120)

二、交流充电过程 (120)

第七章 电池管理系统故障分析 (125)

第一节 电池管理系统故障诊断 (126)

一、故障现象 (126)

二、进入自诊断 (126)

三、诊断过程 (127)

第二节 更换电池的作业过程 (127)

一、拆装蓄电池电池箱的要点 (127)

二、拆装过程 (129)

三、电池箱组装要点 (130)

第三节 电池管理系统数据流 (131)

第八章 典型纯电动汽车电池管理系统 (134)

第一节 吉利 EV300 电池管理系统 (134)

一、电池管理系统功能 (134)

二、电池箱温度管理系统 (137)

三、系统电路图 (139)

第二节 比亚迪 E6 电池管理系统 (142)

第九章 典型混合动力汽车电池管理系统 (145)

第一节 丰田普锐斯第二代电池管理系统 (145)

一、系统主要部件 (145)

二、电池管理系统网络结构 (146)

三、系统控制 (146)

四、系统工作原理 (147)

第二节 蓄电池 ECU 供电系统检修 (149)

一、蓄电池 ECU (149)

二、电源控制 ECU 供电 (150)

三、ECU 供电系统 (151)

四、HV 主继电器 (152)

第三节 蓄电池管理系统检修 (153)

一、HV 蓄电池故障 (153)

二、混合动力蓄电池组冷却风扇控制 (153)

三、高压保险丝 ……………………………………………………………… (155)
　　四、混合动力蓄电池组电流传感器电路 ………………………………… (155)
　　五、混合动力蓄电池温度传感器 ………………………………………… (157)
　　六、混合动力蓄电池组空气温度传感器 ………………………………… (158)
　　七、混合动力蓄电池系统电压 …………………………………………… (158)
　　八、蓄电池被检单元间电压差大 ………………………………………… (159)
　　九、蓄电池 ECU 与 HV-ECU 通信中断 ………………………………… (160)
　第四节　蓄电池 ECU 动态数据流 …………………………………………… (160)
　第五节　丰田普锐斯第三代电池管理系统 ………………………………… (162)
　　一、主要部件位置图 ……………………………………………………… (162)
　　二、系统电路图 …………………………………………………………… (162)
　　三、系统描述 ……………………………………………………………… (167)
　第六节　电池管理系统检修 ………………………………………………… (167)
　　一、混合动力蓄电池组传感器模块 ……………………………………… (167)
　　二、动力管理控制 ECU 和电池管理系统通信线 ……………………… (168)
　　三、混合动力蓄电池组的分组电压 ……………………………………… (169)
　　四、混合动力蓄电池组冷却风扇控制电路 ……………………………… (169)
　　五、高压保险丝 …………………………………………………………… (171)
　　六、混合动力蓄电池温度传感器 ………………………………………… (172)
　　七、混合动力蓄电池组空气温度传感器 ………………………………… (172)
　　八、混合动力蓄电池组电流传感器 ……………………………………… (173)
　　九、电池管理系统和动力管理控制 ECU 的通信 ……………………… (174)
　　十、动力管理控制 ECU 与电池管理系统有关的输入/输出 …………… (174)
理论+实训一体工单 …………………………………………………………… (177)

第一章

新能源汽车发展史

小林是新能源汽车技术专业的学生,在一次新能源汽车大赛中被问及大量关于新能源汽车发展史的知识,他赛前查阅了大量的资料,比赛中对答如流,取得了优异的成绩。

(1) 能简述纯电动汽车的发展史。
(2) 能简述混合动力汽车的发展史。
(3) 能简述燃料电池汽车的发展史。

第一节 纯电动汽车发展史

纯电动汽车(以下简称电动车)的历史可追溯到1834年,那一年托马斯·达文波特制造了一辆电动三轮车,它由一组不可充电的干电池驱动,只能行驶一小段距离。第一辆以可充电电池为动力的电动车于1881年在法国巴黎出现,它是法国工程师古斯塔夫·土维装配的以铅酸电池为动力的三轮电动车,如图1-1所示。

与19世纪末诞生的内燃机汽车相比,电动车除了车速略低外,在其他方面的优点很多,如起动方便,电动机工作时没有噪声、振动和难闻的汽油味等。直流电动机低转速大扭矩的输出特性使它用作汽车动力时不需要复杂的传动系统,且操作简便,因此,电动车成为机动交通工具的一个主要发展方向。

19世纪末到20世纪初是电动车发展的黄金时期,法国和英国都出现了电动车制造公司,1882年维尔纳·冯·西门子制造出无轨

图1-1 1881年古斯塔夫·土维装配的三轮电动车

电车,如图1-2所示。1899年4月29日,比利时人卡米尔·杰那茨驾驶着一辆名为"快乐"的炮弹外形电动车,如图1-3所示,以105.88 km/h的速度刷新了由汽油动力发动机保持的汽车最高速度的世界纪录,这是汽车速度第一次突破100 km/h大关,"快乐"电动车保持这个汽车速度纪录直到20世纪。

图1-2　1882年维尔纳·冯·西门子制造的无轨电车　　图1-3　1899年的"快乐"电动车

美国虽然在汽车的普及上比欧洲稍晚,但他们有自己的优势,即在电力技术发展和普及上领先于欧洲。发明了留声机的美国著名科学家托马斯·爱迪生是电动车的坚定支持者,如图1-4所示。1911年的《纽约时报》曾经这样评论电动车:"它经济,不排放废气,是理想的交通工具。"舆论和名人的效应对于电动车在美国的推广与普及无疑起到了如虎添翼的作用,像美国安东尼电气集团、贝克、底特律电气、哥伦比亚和瑞克这样的电动车制造公司应运而生。当时的美国不仅拥有数量众多的电动轿车和电动卡车,贝克电气公司在1907年甚至开发了最早的电动跑车,如图1-5所示。1897年,纽约出现了第一辆电动出租车。与此同时,和电动车相关的配套服务设施也应运而生,如美国汉福德电灯公司为电动车提供可以更换的电池,底特律电气公司建立了电池充电站以方便用户给电动车充电。

图1-4　1913年爱迪生和一辆电动车的合影　　图1-5　1911年贝克电气公司的小型电动跑车

不过,电动车的黄金时代并没有持续太久。20世纪20年代后,内燃机技术达到一个新水平,装备内燃机的汽车速度更快,加一次油可持续巡航里程是电动车的3倍左右,且使用成本低。相比之下,电动车的发展进入到瓶颈期,在降低制造成本和改善使用便利性方面没有明显的进步。在这种背景下,电动车很快失去了存在的意义,到1940年,电动车基本就从欧美汽车市场中消失了。

1973年爆发的中东石油危机令全世界陷入石油短缺的境地中,人们又开始关注其他动力的汽车,电动车再一次进入人们的视线中。20世纪80年代至90年代,日本和美国的汽车厂家生产了一系列电动车,如克莱斯勒TE Van和丰田RAV 4 EV,而名气最大的是1996年通用汽车公司生产的GM EV1电动车,如图1-6所示,但它们最终都是昙花一现。

图1-6 1996年通用汽车公司生产的GM EV1电动力

经过几十年的发展,虽然屡次出现机会,但是直到21世纪初期,电动车也没有再现19世纪末至20世纪初的辉煌。根源在于电动车不仅生产成本相对较高,而且充电麻烦,保养成本高。另外,电池能量密度低造成的续驶里程短和充电便利性差也是严重的问题,这些缺点严重阻碍了电动车的普及。

第二节 混合动力汽车发展史

混合动力汽车被视作由传统内燃机汽车发展到纯电动汽车的中间形态,但在汽车发展史上,第一辆混合动力汽车出现在纯电动汽车诞生的20年后。令人惊讶的是,它所采用的工作原理直到今天仍被用于最新型的混合动力汽车甚至是概念汽车上。

世界第一辆混合动力汽车"罗尼尔-保时捷"于1900年诞生,它的设计者是费迪南德·保时捷,这个年轻人后来作为第一代大众"甲壳虫"的设计师、保时捷品牌的开创者而扬名天下。但在当时,他只是位于维也纳的雅各布·罗尼尔公司的一位重要雇员,这是他的第一份工作。这家公司原本是一家豪华马车制造商,从19世纪末开始生产纯电动汽车。

在"罗尼尔-保时捷"上,如图 1-7 所示,费迪南德·保时捷采用了串联式混合动力技术,由汽油机为发电机提供能量,从而为安装在前轮内的两个轮毂电动机提供驱动力,最大功率为 14 马力①。今天的雪佛兰 Volt 就采用了这种汽油机驱动发电机的形式,而轮毂式电动机驱动则被近来很多纯电动概念汽车使用。"罗尼尔-保时捷"有双座和四座两种车身形式,也有以蓄电池为能量源的纯电动型号和装备 4 个轮毂电动机的四驱车型号。

图 1-7　保时捷博物馆复原的"罗尼尔-保时捷"

这辆充满灵感的汽车在 1900 年的巴黎世界博览会上大出风头,受到媒体的广泛关注,但这对它的市场推广并没有什么帮助。因为当时"罗尼尔-保时捷"的售价高达 15 000 奥匈帝国克朗(约 13 520 德国马克),而同期最贵的 8 马力奔驰 Velo 的售价仅为 5 200 德国马克,前者是后者的 2.6 倍。虽然在 20 世纪初也有汽油价格上涨现象,但受益者更多的是早期的纯电动汽车。作为市内交通工具,纯电动汽车曾在 19 世纪末到 20 世纪初风行一时。20 世纪 20 年代欧美城际公路网逐渐形成,纯电动汽车"腿短"的缺点越来越明显(这也是同期蒸汽车被淘汰的原因之一),之后渐渐淡出人们的视野。

在混合动力技术的奠基者中,还应该记住一位德国工程师和发明家——亨利·皮珀。他在 1902 年左右发明了并联式混合动力技术,甚至开发出配套的早期动力管理系统,并将这一成果授权给一家比利时汽车公司 Auto-Mixed 生产,该公司在 1906—1912 年推出了一系列车型,如 3.5 马力的 Voiturette。但在亨利·皮珀去世后,Auto-Mixed 被另一家公司收购。

1915 年,北美大陆出现了一家颇具前瞻性的汽车制造商——欧文·麦哥尼茨公司,这家公司专门生产混合动力汽车,采用串联式混合动力技术。在 1915 年的纽约车展上,欧文·麦哥尼茨公司的 6 缸混合动力汽车首次与公众见面,如图 1-8 所示。由于客户中包括一些世界闻名的男高音歌唱家,因此这个品牌很快就变得广为人知,可以说是早期"明星营销"的成功典范之一。欧文·麦哥尼茨公司一直生产到 1921 年,他们的最后一款产品是 Model 60 Touring,如图 1-9 所示。

同一时期,芝加哥的伍兹汽车汽车公司也在生产混合动力汽车。1916 年,伍兹公司宣称他们的混合动力汽车的最高速度可以达到 56 km/h,每百公里耗油 4.9 L。但与汽油机汽车相比,混合动力汽车始终存在价格昂贵和动力偏弱的问题,很快被淹没在汽油机汽车的汪

---

① 1 马力 = 735 瓦。

洋大海中。以 1913 年的美国市场为例，纯电动汽车加混合动力汽车共销售了 6 000 辆，而采用汽油机的福特 T 销售了 182 809 辆。从 20 世纪 20 年代开始，混合动力汽车进入了一个近 40 年的静默期。

图 1-8　1916 年欧文·麦哥尼茨公司的混合动力汽车　　图 1-9　1921 年欧文·麦哥尼茨公司的 Model 60 Touring

1966 年，美国国会通过的一项议案，拂去了纯电动汽车和混合动力汽车身上的尘埃。为了减轻日益严重的空气污染，这项议案提倡使用电动汽车。1969 年，通用汽车推出了他们的应对之策——512 系列混合动力试验车，如图 1-10 所示。GM 512 比微型车还小，更像个玩具，只能乘坐 2 人，后置后驱布局。该车采用了一套并联式混合动力系统，当速度在 16 km/h 以内时，由电动机驱动；当速度在 16~21 km/h 时，由电动机和两缸汽油机共同工作；当速度在 21 km/h 以上时，由汽油机单独提供动力，最高速度为 64 km/h。这种玩具般的小车在当时的交通环境里没有实际意义，因此有批评者认为通用汽车并不愿意终结盈利颇丰的传统汽车产业，只是用 GM 512 来缓解舆论压力。

1973 年，影响全球的第一次石油危机再次将纯电动汽车和混合动力汽车推到聚光灯下，对于消费者来说，比起作用缓慢的空气污染问题，钱包变薄问题更迫在眉睫。1979 年，通用汽车在电动汽车项目上花了 2 000 万美元，并乐观地估计到 20 世纪 80 年代中期就可以投入量产，直接跳过混合动力的过渡阶段。丰田在 1977 年也推出了一款混合动力概念汽车 Sports 800 Hybrid，如图 1-11 所示，该车采用燃气轮机和电动机并联的形式。

图 1-10　1969 年通用汽车的 512 系列混合动力试验车　　图 1-11　1977 年丰田推出的混合动力概念汽车

进入20世纪80年代后,各大汽车制造商都在新能源领域进行尝试。奥迪在1989年展出了基于奥迪100 Avent Quattro研发的试验车Duo,如图1-12所示,由12.6马力的电动机驱动后轮,能量来自可充电的镍镉电池;136马力的2.3 L 5缸汽油机驱动前轮。奥迪Duo的尝试一直持续到1997年,基于A4 Avent的第三代Duo(如图1-13所示)正式量产,奥迪成为第一家生产现代混合动力汽车的欧洲厂商,但这款汽车未得到市场认可并最终停产。宝马则在1991年推出了纯电动概念汽车E1,如图1-14所示,同年日产也推出了他们的纯电动概念汽车FEV(Future Electric Vehicle),如图1-15所示,并在1995年推出了第二代FEV,如图1-16所示。

图1-12　1989年奥迪的第一代混合动力试验车Duo

图1-13　1997年基于A4 Avent的第三代Duo

图1-14　1991年宝马推出的纯电动概念汽车E1

图1-15　日产1991年推出的第一代纯电动概念汽车FEV

20世纪90年代中期,通用汽车苦心钻研的EV1(如图1-17所示)作为世界上第一辆现代意义上的量产纯电动汽车上市,但它在4年的生命周期里只生产了1 117辆。其短暂的生命似乎证明了纯电动汽车的生不逢时。而纯电动的雪佛兰紧凑型皮卡S-10 EV甚至仅生产1年便停产,与S-10 EV同样命运的还有福特Ranger EV(如图1-18所示),在4年的生命周期里仅制造了1 500辆。

图1-16　日产1995年的第二代FEV

图1-17　1996年诞生的通用EV1

在 EV1 奋力求生的同时，第一代丰田普锐斯（如图 1-19 所示），也于 1997 年上市，只在日本发售，少量被出口到英国、澳大利亚和新西兰。迄今为止全球最畅销的混合动力汽车就此诞生，第一年就卖出 1.8 万辆，到 2011 年 3 月累计销量达到了 300 万辆。

图 1-18　福特在 1998 年的纯电动皮卡 Ranger EV

图 1-19　1997 年上市的第一代丰田普锐斯

在混合动力汽车的发展历史中，日本丰田普锐斯是一个重要标志。在经历了近百年的风雨之后，混合动力汽车终于迎来了自己的春天。

1997 年，第一款量产混合动力汽车普锐斯由丰田推向日本市场，当年售出 1.8 万辆；1999 年，本田混合动力双门小车 Insight 在美国推出，受到好评。2007 年年底，据美国权威机构 Autodata 的统计数据显示，2007 年 10 月美国混合动力汽车的销量与上一年相比，同期增长了 30%，销量为 2.4 万辆。混合动力汽车甚至成了美国汽车市场的一大亮点：2007 年，美国市场销售混合动力汽车超过 30 万辆。2007 年 5 月 17 日，丰田混合动力汽车全球累计销售突破 100 万辆。

第三节　燃料电池汽车发展史

一、燃料电池之父

燃料电池的工作原理是水分解为氢气和氧气的逆过程，因其工作原理极为简单，早在 19 世纪就被发明。

自从电被人类发现并投入生活、工业使用后，如何低成本且大规模发电，如何更深层次地认识电，就成了几代科学家研究的重点，燃料电池就是其中的一种发电装置。18 世纪，著名的化学家、物理学家卡文迪许发现了氢气。随后，得益于金属铂（Pt）催化性能的发现，英国物理学家威廉·葛洛夫于 1839 年发表了一篇论文，证明了氢氧反应发电原理，并在 1942 年发表氢氧发电装置草图，如图 1-20 所示。大意是氢气在铂催化的作用下生成氢离子,氢离子通过电解液传输到氧气侧生成水,电子通过外电路传输发电,电流如图 1 – 20 中的箭头所示。

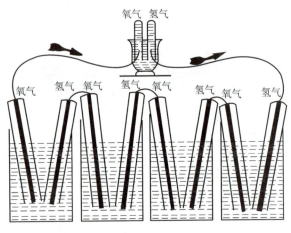

图 1 – 20　氢氧发电装置草图

因此,1839 年被视为燃料电池诞生年,威廉·葛洛夫也被视为燃料电池之父。

1889 年,著名化学家及实业家路德维希·蒙德将电解液由液态硫酸升级为亚液态硫酸,即将片状多孔电极在硫酸溶液中浸润代替液态电解液,大大提高了燃料电池结构的紧凑性。

1890 年,英国和法国的两个团队在实验室里组装出结构进一步改进的燃料电池,可以产生一定电流,但价格极其昂贵,同时他们还意识到一个困扰至今的难题——只有贵金属可以催化燃料电池反应。

二、燃料电池的应用

由于当时科学界对电子这一概念缺乏认识,甚至在葛洛夫发现燃料电池时科学界还没有发现电子,再加上火力发电和蒸汽发电技术逐渐成熟并大规模开始使用,因此价格昂贵的燃料电池只能退回到实验室研究的状态。

1. 应用于军事

20 世纪 40 年代,英国工程师弗朗西斯·托马斯·培根用液体氢氧化钾为电解液,用多孔镍作为电极,从而扩大了适用催化剂种类,这种设计给燃料电池实用化带来了曙光。当时蓄电池技术不成熟且容易失火,而燃料电池只要氢气和氧气不接触就很难发生意外,且用作隔膜的石棉工艺成熟、结构可靠,极大地降低了氢氧接触概率,这让培根意识到碱性燃料电池将非常适用于密闭空间,如潜水艇。随后培根顺利进入英国海军,虽然直到第二次世界大战结束碱性燃料电池也未能成功应用于潜水艇,但这段工作经历维持了燃料电池的研究工作。1959 年,培根带领团队制造出功率为 5 kW 的燃料电池实用系统,虽然价格依旧昂贵,但其特殊的性能引起了航空领域知名公司——普惠公司的注意。

普惠公司是世界三大航空发动机制造公司之一,主要给民用、军用飞机生产发动机,同时是联合技术公司旗下一员。联合技术公司号称"你能在这里找到任何东西",小到电梯、空调,大到火箭发动机、宇航服都能生产,这家公司现在仍在从事燃料电池的研发生产工作。20世纪60年代初,普惠公司希望减轻对军事和航空公司的依赖,打算进入航天、舰船和燃料电池发电领域。在普惠公司注意到碱性燃料电池之前,早在1955年通用电气公司就已经用磺化聚苯乙烯离子交换膜代替硫酸作为电解质,使酸性燃料电池升级为全固态结构,随后他们又发现可以将催化剂铂直接制备到膜上,进一步提高了燃料电池结构的紧凑性。

2. 应用于航空工业

20世纪60年代的蓄电池可以满足几天的短途宇航飞行需要,但价格昂贵,质量、体积极大,有时宇宙飞船不得不在飞行途中丢下用完的蓄电池以减轻质量。由于太阳能电池在没有日光时无法供电,故需要与蓄电池配合,而且那时的太阳能电池能量转换效率极低,即使宇宙飞船外面铺满太阳能电池板都无法满足需要。因此,美国国家航空航天局为了完成双子星计划,如图1-21所示,为之后的载人飞船登月积累经验,需要一种安全、稳定、轻便的装置作飞船电源。

与蓄电池相比,燃料电池具有价格便宜;电池反应是化学反应,不受卡诺循环限制;能量转换效率高;体积小,质量轻;副产物水可以供宇航员饮用等优点,因此受到美国国家航空航天局的青睐。

但在双子星号第一次飞行前的6个月,通用电气公司还不清楚燃料电池到底能不能支撑到任务结束,到底安不安全,会不会中途罢工,这是因为燃料电池技术远远超出当时的科技水平。为此,美国国家航空航天局在前四次飞行中采用了传统蓄电池作电源,双子星号系列任务在早期出现过财务危机,更换电力系统无疑是雪上加霜。虽然每平方厘米制备了高达0.028 g的铂作催化剂保证电极反应顺利进行,但当时的酸性离子交换膜燃料电池还存在水管理的问题,即电池中水不够时膜会干燥开裂,水太多又会淹没电极,这两个问题都会导致电池性能严重下降,因此双子星号不得不额外带了一个水箱维持燃料电池内部的水平衡。双子星号的燃料电池成果应用到阿波罗1号上,但由于技术仍不成熟,所执行任务的宇航员必然抱定了"一去不返"的决心,如图1-22所示,他们不仅仅是为自己的国家,更为全人类承担了极大的风险。

图1-21 双子星5号宇宙飞船(无太阳能电池)

图1-22 阿波罗1号飞行前三名宇航员对着飞船模型祈祷

燃料电池系统将双子星号的飞行时间由4天延长到7天,后来又延长到十几天。虽然其间出现过第一次飞行不久就报警,水循环系统出问题等状况,但最后也算有惊无险。

双子星号系列任务取得了很多开创性的成就，为后续阿波罗号任务的成功开展提供了宇航员训练及生存、宇宙飞船控制、飞船安全返回等多项经验，同时证明了燃料电池系统的可靠性。

酸性燃料电池用磺化聚苯乙烯离子交换膜解决诸多问题的曙光出现在20世纪70年代初，杜邦公司发明出机械强度高、电化学性能好的Nafion膜，而此时双子星号系列任务已经结束，碱性燃料电池在技术上又超过了酸性燃料电池。

1961年，宇航员尤里·加加林成为进入太空的第一人，美国政府随之开启了人类历史上非常伟大的阿波罗计划，该计划是在20世纪60年代的10年内完成载人登陆月球并返回地球，总耗资240亿美元。

阿波罗计划极大地推动了科技进步，如航天发动机、计算机、医学和材料等多个领域为了服务阿波罗计划，都取得了诸多突破，燃料电池只是其中受惠的一小部分。

碱性燃料电池电极、膜等采用的都是较成熟的材料，不仅价格低廉且安全性更高。但为了在阿波罗号中顺利、安全地应用，碱性燃料电池也采取了一些技术改动，如降低运行压力、提高运行温度等，其实际电池性能比在地球上略低。

图1-23 航天飞机上的碱性燃料电池

阿波罗号使用的碱性燃料电池，如图1-23所示，质量为100 kg，总功率为1.5 kW，电极面积约为700 cm^2。在1968—1972年的12次飞行任务中，燃料电池没有出现过任何事故，虽然阿波罗1号和13号出过两次事故，但其都与氧气有关。

阿波罗1号在测试时发生了火灾，其原因是当时飞船内为纯氧环境，部分材料如铝在纯氧环境下会剧烈燃烧，同时电路中出现电火花引燃了铝材料，而飞船舱门设计不合理耽误航天员逃生，人们只能在监控录像中眼睁睁看着3名宇航员牺牲；阿波罗13号在去往月球的途中发生氧气罐爆炸，失去了大量维生氧气、电力和水源，三名宇航员在氧气即将耗尽的最后5 min启动登月舱，并借助登月舱顺利返回地球，其间无数次与死神擦肩而过。随后在美国航天飞机计划中，美国国家航空航天局继续使用碱性燃料电池作为电源，从1981年哥伦比亚号航天飞机飞行成功到2011年航天飞机全部退役，除正常的电解液氢氧化钾被二氧化碳毒化外，燃料电池系统从没出现过任何意外。

与此同时，中国也在进行"两弹一星"计划，相关航天任务被拆解为无数个子任务由各个科研机构承担。

20世纪50年代末期，为了航天技术的发展，中国科学院大连化学物理研究所的朱葆琳先生和袁权院士带领团队开始航天燃料电池系统的研制。历经10年攻关，研发出两种航天碱性燃料电池系统，从此开启了燃料电池在中国的一段故事。

随着太阳能电池、储能电池和核电池等技术的快速发展，燃料电池已经逐步退出在航天和部分军事领域的应用，但在民用领域的应用才刚刚步入正轨，丰田的Mirai（未来）氢燃料电池汽车只是起点。

三、燃料电池汽车在各国的发展情况

从国际上来看,氢燃料电池汽车到现在分为3个发展阶段。

第一阶段是1990—2005年。1990年,美国能源署开展了氢能和燃料电池研发和示范项目,世界发达国家(地区)纷纷加紧氢能与燃料电池的研发部署。当时人们对这项技术的攻关难度理解不够,以为燃料电池汽车可能在1995年左右就能实现产业化,而实际上做出的三辆氢燃料电池汽车虽然在试验阶段运行稳定,但放在芝加哥上路运行不到一个月全部垮掉,大家这才意识到燃料电池不适用于汽车的工况。

第二阶段是2005—2012年。人们用了7年时间终于解决了燃料电池的工况适应性问题,燃料电池的比功率达到2 kW/L,在-30 ℃的环境中也能储存和起动,基本上满足了车用要求。

第三阶段是2012年至今。丰田生产的燃料电池的比功率达到3.1 kW/L,该公司在2014年12月15日宣布,Mirai氢燃料电池汽车实现商业化,进入了商业推广阶段。随后,本田与现代也相继推出了燃料电池商业化汽车。因此,从商业化角度来看,有人把2015年誉为燃料电池汽车的元年。

据中国客车网了解,氢燃料电池汽车已经渡过技术开发阶段,进入市场导入阶段。燃料电池发动机功率密度大幅提升,已经达到传统内燃机的水平;基于70 MPa储氢技术,续驶里程达到传统汽车水平(燃料填充时间小于5 min);燃料电池寿命满足商用要求(5 000 h);低温环境适应性提高,可适应-30 ℃的环境,适用范围达到传统汽车水平。降低成本、批量开发,以及加氢站的建设将成为下一步研发的重心;而铂用量的降低,特别是非铂催化剂的研究是长期而艰巨的任务。

产业化的关键是进一步建立生产线、降低成本和加氢站的建设,这也是目前全球燃料电池汽车发展的方向。燃料电池发动机现在在体积上可以做到跟内燃机互换。从寿命来看,大巴车已经达到18 000 h,小汽车也超过5 000 h,主要原因是采用了"电-电"混合方式,即二次电池与燃料电池混合驱动策略,使燃料电池在相对平稳状态工作,大幅提高了燃料电池的耐久性。

从成本来看,如果按年产50万辆计,燃料电池每千瓦成本大约是49美元,这个价格是可以接受的。业内有种看法是燃料电池汽车受铂资源的限制,现在氢燃料电池的铂用量国际先进水平能做到0.2 g/kW,国内目前是0.4 g/kW左右,而产业化的需求是要小于0.1 g/kW。小于0.1 g/kW是什么概念?据衣宝廉院士介绍,就是跟汽车尾气净化器用的贵金属量相当,这是需要依靠技术进步逐步实现的。

现在国际各大汽车公司竞争的技术水平都是在燃料电池轿车上体现的,而燃料电池轿车对加氢站的数量依赖度较高,当加氢站不能达到像加油站那么普及时,选择大巴车、物流车或轨道交通车发展是比较实际的做法。也就是说,对加氢站依赖度越低,越容易首先实现燃料电池汽车产业化,不会让用户产生加氢焦虑。

从全球发展来看,燃料电池汽车现在已经进入商业化导入期,当下的焦点就是降低成本和扩大加氢站的建设。燃料电池电动机从性能、体积上可以实现与传统内燃机互换,低温适应性可以达到-30 ℃,续驶里程可以达到700 km,一次加满氢的时间小于5 min,跟燃油汽车效果完全是一样的。随着企业界的参与、产品工艺的定型、批量生产线的建立,以及关键材料与部件国产化,相信燃料电池成本会得到大幅度降低。此外,要加大力度推进加氢站的建设,目前,国内一些能源公司和地方政府对加氢站的建设表现出极大的兴趣,纷纷制订规划投入开发,开始从事加氢站的建设,从数量上逐渐满足区域性加氢(如公交运营线、物流区等)需求。

四、世界各品牌燃料电池汽车发展史

1. 奔驰公司甲醇燃料电池汽车发展史

甲醇,又称"木醇",最早作为一种燃料使用是在第二次世界大战后期。当时德国的原油供应受到限制,需要用一种新的液体燃料来替代,因此就对甲醇进行了大量的研究。尤其是甲醇与过氧化氢的混合液,曾经在战斗机上得到应用。甲醇再一次作为燃料进入人们的视野是在20世纪70年代的石油危机以后,当时作为汽车行业的先锋,德国奔驰公司基于S级轿车平台开发出了一款甲醇内燃机轿车,如图1-24所示。作为燃料,甲醇受到的重视不仅仅限于内燃机,各大主机厂在发展氢燃料电池的过程中,对甲醇的重视度也很高。

1966年,通用汽车的第一台燃料电池汽车,如图1-25所示,采用了"碱性燃料电池",车上携带了氢气罐和氧气罐,从空间布置上来讲,气罐占据的空间比较大。

图1-24　甲醇内燃机轿车　　　　图1-25　通用汽车的碱性燃料电池汽车

Necar 1(第一代):真正现代意义上的燃料电池汽车搭载PEM质子交换膜的汽车是奔驰公司的Necar,如图1-26所示。Necar有两种诠释法:一种是New Electric CAR,另一种是No Emission CAR,二者的区别在于是否使用了甲醇作为燃料。Necar系列的汽车从1994年开始,一共做了5代,和甲醇结下了不解之缘。Necar 1,是基于奔驰公司的MB100的小面包平台,后备厢内放置30 kW的质子交换膜电堆,续驶里程为130 km,采用高压氢罐,300 bar[①]压力的方式。1994年Necar 1的面世,揭开了燃料电池研究的序幕。

Necar 2(第二代):1996年,将平台换为V系列的平台,这款商务旅行车的车顶被有效利用起来,增加了更多的实用空间,如图1-27所示。此时,电堆的功率为50 kW,但是燃

---

① 1 bar = 100 000 Pa。

料电池的系统输出功率已经可以做到 45 kW，车辆的续驶里程也增加到 250 km 以上。也正是这一代的产品使人们开始意识到，在续驶里程方面储氢罐有较大的局限性，于是在 Necar 2 的基础上开始进行技术分支，导入甲醇作为氢气的来源。与此同时，人们也开始进行液氢和纯氢的对比。

图 1-26　世界上第一辆 PEM 燃料电池车 Necar 1

图 1-27　Necar 2 采用储氢罐作为氢气载体

Necar 3（第三代）：在 1997 年推出的 Necar 3 上，奔驰公司率先使用甲醇重整技术，将甲醇重整成为氢气和二氧化碳，将氢气导入电堆发电，氢气即产即用，如图 1-28 所示。38 L 甲醇可以支持这辆 A 级车行驶 300 km 以上。这辆车的后座部分被用来放置甲醇重整的装置，电堆被布置在底盘下，如图 1-29 所示。

图 1-28　使用甲醇作为燃料的 Necar 3 燃料电池汽车

图 1-29　使用甲醇重整制氢的 Necar 3 车型

Necar 4（第四代）：1999 年和 2000 年推出的 Necar 4a 和 Necar 4 也是和 Necar 3 一样的平台、一样的车型，但是它们的储氢方式不一样，如图 1-30 所示。Necar 4a 基于液体氢的思路，配置了压力为 0.9 MPa、低温储存箱在 -200 ℃ 的氢系统；续驶里程达到 450 km，充分体现了液体氢的优势。一年以后推出的 Necar 4 依旧采用高压氢罐，在有限的空间里仅能携带 2.7 kg 的氢气，续驶里程仅为 200 km。此时的电堆技术已经发展到 75 kW 的等级。

Necar 5（第五代）：最有跨时代意义的是 2000 年推出的 Necar 5，这款车在 Necar 3 的基础上有了很大的性能提升，尤其体现在"减体积"方面。电堆依旧被布置在底板之下，重整器、CO 去除装置均被扁平化集成在车底之下，如图 1-31 所示，具有高度集成化的重整制氢系统，功率达到 75 kW，续驶里程在 400 km 以上。

图1-30 Necar 4 及 Necar 4a 分别以高压氢罐和液体氢作为燃料

图1-31 Necar 5 内部构造

图1-32 基于高压氢的奔驰氢燃料电池车 F-Cell

2002年5月20日至2002年6月4日,3辆Necar 5 从旧金山出发,横跨美国大陆抵达华盛顿,行程5 000 km,包括从海平面到2 600 m的高海拔地区,这批车每500 km加注一次甲醇,历时14天完成了测试。项目负责人Ferdinard Panik 当时预测,到2010年会有部分汽车量产后租给特定人群。后来定型的 F-Cell,如图1-32所示,基于 B-Class 的压缩氢罐类型,共生产了几百台,在德国通过特种租赁的方式进行推广测试。

2. 丰田燃料电池汽车发展史

1996年,丰田推出了第一款燃料电池概念汽车FCHV-1,并参加了大阪的游行,这是一款改装自RAV4,采用了10 kW的PEMFC(Proton Exchange Membrane Fuel Cells,质子交换膜燃料电池)和金属储氢装置的FCHV,又称为EVS13。该车的续驶里程达到了250 km。

1997年,丰田推出了第二款燃料电池车型——FCHV-2。该车同样改装自RAV4,搭载了25 kW的PEMFC,并且使用了甲醇重整燃料电池,其续驶里程达到了500 km。

2001年3月,丰田推出了第三款燃料电池车型——FCHV-3。该车根据汉兰达改装,采用了功率高达90 kW的PEMFC,且依然采用了金属储氢装置。另外,FCHV-3使用了镍氢电池作为辅助电池系统,这一设计参考了普锐斯的动力系统。

2001年6月,即推出FCHV-3的3个月后,丰田就推出了其改进版FCHV-4。该车最大的特点是使用了高压储氢罐来储氢,共采用4个25 MPa的高压气罐,每个气罐体积达到34 L,此举让FCHV-4的储氢系统质量减少了250 kg,达到了100 kg的级别。由于当时压力较低,FCHV-4的续驶里程反而减少到250 km。

2002年,丰田推出了在FCHV-4基础上改进的FCHV,得到了日本政府的认证,并开始在日本和美国进行小范围的销售。2005 年，丰田的 FCHV 得到了日本政府的型式认证。

2008 年，丰田推出了 FCHV - adv，这款车搭载了丰田第二代燃料电池，依然基于汉兰达的平台改装而来，使用了 4 个 70 MPa 的储氢罐，续驶里程达到 760 km。

2015 年，大家熟悉的 Mirai 上线。同年 10 月 21 日，Mirai 开始在加州销售和交付。Mirai 是丰田首款量产的氢燃料电池车，被丰田视为"未来之车"。在 2017 年的东京车展上，人们看到丰田推出的新车型包括概念汽车在内，都是氢燃料电池汽车。迄今为止，丰田混合动力汽车在全球范围内已经销售 1 100 万辆。如今，国际车坛把混合动力技术的普及当作汽车转型入门的开始，即便是插混或纯电动车也都以混合动力为基础。也是从那时起，福特和宝马积极与丰田寻求这方面的合作，引起业界关注。

在试驾 Mirai 这款车时，人们体会最深的是其不影响传统汽车的驾驶习惯，且没有了发动机的声响，开车的静谧性极佳。充气（氢）3 min，就能行驶 500 km，与传统车加油的时间相当。这款车的售价折合人民币，是 40 万元左右（约 723.6 万日元）。按照丰田 2050 战略，HEV（Hybrid Electric Vehicle，混合动力汽车）、PHEV（Plug - in hybrid electric vehicle，插电式混合动力汽车）只是短期目标，而中长期目标则要靠 FCV（Fuel Cell Vehicle，燃料电池汽车），最终要实现零排放目标。而"未来"的推出，表明丰田这一目标的实现已经提前。

尽管 Mirai 还处在实证实验阶段，但一般来说，一项新的技术和成果不到成熟阶段是不会示人的，就像在中国实施双擎战略，先建研发中心，再国产，最后再上市。事实证明，这种"后发制人"的策略表明对技术的自信和对市场的把握，以及对未来有充分的准备。尤其是零差价的双擎（卡罗拉和雷凌）一经问世，就一举成为混合动力汽车市场的标杆。因此，Mirai 可以说是继双擎之后零排放最为理想的终极车。

对 Mirai 的实证实验是为了保证其出口的可行性，并为应用到更广泛的商业领域作准备。因为 Mirai 是终极环保车，对节能减排有着重要的现实意义。

在 2014 年以前，丰田已经在燃料电池领域取得了技术突破，可以使车用燃料电池的成本从 100 万美元降到 5 万美元，降幅高达 95%。2015 年，丰田 Mirai 成为首次投放市场的量产燃料电池汽车。

丰田 Mirai 的结构与传统的汽油机汽车或纯电动汽车都不一样，如图 1 - 33 所示，如果硬要找出一个类似的结构，可能丰田最畅销的普锐斯跟 Mirai 会有一点相似。

图 1 - 33　丰田 Mirai（未来）结构

Mirai 的动力系统被称为 TFSC（Toyota FC Stack，丰田燃料电池堆），是以燃料电池堆栈为核心组件的混合动力系统。TFSC 没有传统的汽油机，也没有变速器，发动机舱内部是电动机和电动机的控制单元。在驾驶舱底部布置着的燃料电池堆栈是整套系统的核心，在车身后桥部分放置着一个镍氢动力电池组和前后两个高压储氢罐，Mirai 加满 5 kg 氢气就可以连续行驶 650 km。

3. 本田燃料电池汽车发展史

在日本，除了丰田之外，本田同样是一家知名的燃料电池汽车制造商。从 1999 年开始，本田一直坚持燃料电池汽车的研发，并在 1999—2003 年间坚持每年推出一款新的燃料电池汽车，且每次都有明显进步。2003 年生产的 FCX-V4，其技术参数已经与现在的燃料电池汽车非常接近。本田的燃料电池汽车被认为可以与丰田的 Mirai 媲美，这与其一直坚持自主研发有着密切联系。因此，我国汽车厂商和燃料电池厂商应当从国外的先进企业中吸取经验。

但在 2003 年后，本田停止了对燃料电池汽车的持续更新，直到 2007 年才再次推出一款氢燃料电池汽车——FCX Clarity，这个名字也一直沿用至今。2007 年之后，本田再次"断更"，直到 2016 年才重新推出了新的燃料电池车——Clarity FUEL CELL。

1) FCX-V1 和 FCX-V2

1999 年 9 月 6 日，本田先后推出了 FCX-V1，如图 1-34 所示，和 FCX-V2 两款由燃料电池驱动的原型车。这两款原型车均采用本田专为纯电动汽车设计的 EV Plus 车身，以及本田自己的小型驱动电动机和控制系统。其中，FCX-V1 使用了来自巴拉德的固体聚合物电解质燃料电池，输出功率达到 60 kW，储氢系统使用了合金储氢罐（La-Ni5）。FCX-V2 则使用了本田自产的甲醇重整器和自制的固体聚合物电解质燃料电池，功率也是 60 kW。这两款车均使用了电池作为辅助系统。

2) FCX-V3

2000 年 9 月，本田推出了 FCX-V3，如图 1-35 所示。经过一年的时间，FCX-V3 最显著的变化是使用了来自 Civic GX 的 25 MPa 的高压储氢罐；燃料电池系统依然有两个版本，一个来自巴拉德，另一个则是本田自制；辅助电池系统则由电池换成了超级电容器。FCX-V3 的续驶里程达到了 180 km。值得一提的是，FCX-V3 参与了 CaFCP（Califrnia Fuel Cell Program，加州燃料电池计划），到美国加州进行了道路试验。

图 1-34 本田 FCX-V1 燃料电池汽车

图 1-35 本田 FCX-V3 燃料电池汽车

3) FCX-V4

2001 年 9 月，本田推出了 FCX-V4 燃料电池汽车，如图 1-36 所示，该车进行了全新的设计，最值得注意的变化是使用了 35 MPa 的高压储氢罐，续驶里程也由 180 km 上升到 300 km。2002 年 7 月 24 日，本田 FCX 成为世界上第一个获得政府认证的燃料电池汽车。

4) FCX

2002 年 9 月，本田推出了 FCX 燃料电池汽车原型车，如图 1-37 所示，并于 2002 年 12

月3日在日本和美国交付首批本田 FCX 燃料电池汽车。FCX 是世界上第一款获得美国政府批准商业化的燃料电池汽车。

图1-36　FCX-V4 燃料电池汽车

图1-37　FCX 燃料电池汽车原型车

2003年10月，本田推出了配备 FC Stack 的 FCX 燃料电池汽车，如图1-38所示。FC Stack 是一个结构非常紧凑、具有高性能、可在低温下运行、世界上第一个采用冲压金属双极板和新开发的电解质膜的燃料电池系统。由此，其功率提高到80 kW，汽车续驶里程也增加到450 km。同时，本田开始对车辆的冷起动和驾驶性能进行公开测试，以推动燃料电池汽车的广泛使用。

5) FCX Clarity

本田在2003年后结束了每年推出一款燃料电池汽车的节奏，直到2007年才再次发布了新的 FCX Clarity 燃料电池汽车，如图1-39所示，并于当年11月在洛杉矶车展上推出了该车。FCX Clarity 是一款全新设计的燃料电池汽车，由本田 V Flow 燃料电池组提供动力，该车的许多参数已经与现在的燃料电池汽车非常接近，如燃料电池功率达到了100 kW，使用了锂离子电池作为电池辅助系统，使用了35 MPa 的高压储氢罐等。由于使用了众多先进技术，该车的续驶里程达到了620 km。当时，本田计划在3年内量产200辆 FCX Clarity。

图1-38　配备 FC Stack 的 FCX 燃料电池汽车

图1-39　FCX Clarity 燃料电池汽车

2016年3月，本田开始在日本销售全新燃料电池汽车 Clarity FUEL CELL，如图1-40所示，也就是我们所熟知的本田 FCV Clarity。该车使用了本田自研的燃料电池系统，功率达到103 kW，储氢罐压力达到70 MPa，续驶里程高达750 km。本田自研的燃料电池系统结构非常紧凑，仅前舱就能将燃料电池系统完全容纳。

6) Puyo

在2007年东京车展上，本田推出了一款燃料电池概念汽车 Puyo，如图1-41所示。有趣的是，该车使用操纵杆取代了方向盘，最酷的地方则是该车的车身可以旋转360°，因此没有倒车的必要。

图1-40　本田全新燃料电池汽车 Clarity FUEL CELL

图1-41　本田燃料电池概念汽车 Puyo

4. 中国燃料电池汽车发展史

我国氢燃料电池汽车的研发，从"九五"到"十三五"，已经过了20个年头。

2008年，北京奥运会上推出了23辆燃料电池汽车，其中3辆大巴；2009年，共有16辆燃料电池汽车到美国加州进行试验；2010年上海世博会，共196辆燃料电池汽车参加运营，燃料电池功率是50 kW，锂电池的功率是20 kW，同时还参加了新加坡的国际足联U-20世界杯。北京奥运会用的大巴在北京801路上进行了示范运行，燃料电池的功率是80 kW。

在这之后，上汽进行了"2014创新征程万里行"，燃料电池汽车、纯电动汽车和插电式混合动力汽车三种车型参加了示范，在全国14个省、市、自治区的25个城市运行，总里程超过10 000 km，接受了沿海潮湿、高原极寒、南方湿热、北方干燥的考验。在客车方面，宇通推出了第三代燃料电池客车，氢燃料加注时间仅需10 min，测试工况下续驶里程超过600 km，成本下降了50%。此外，福田燃料电池客车也亮相北京奥运会和上海世博会，近年来技术又得到提升。近期，上海大通V80氢燃料电池版轻客，采用新源动力电堆驱动，最高车速可达120 km/h。

我国公布的《中国制造2025》重点领域技术路线图，提出了关于新能源汽车发展规划：在2025年之前，我国的制氢、加氢等基础设施基本完善，燃料电池汽车实现区域小规模运行。为了推行氢燃料电池汽车，国家出台了相应的补贴政策，同时国务院办公厅提出：对符合国家技术标准且日加氢能力不少于200 kg的新建燃料电池汽车加氢站每个站奖励400万元。相信沿着这个目标，中国的氢燃料电池汽车，尤其是氢燃料电池客车必定会有一个大的发展前景。

5. 五大建议促进氢燃料电池汽车产业化

1）发展建议

针对中国氢燃料电池汽车发展问题，相关研究人员结合多年的研发和实践工作，提出了以下5个建议。

（1）实现关键材料的批量生产。希望有志于燃料电池事业的企业家，投资建立燃料电池关键材料与部件的批量生产线，实现燃料电池关键材料与部件的批量生产，建立健全的燃料电池产业链。

(2) 提高燃料电池电堆和系统的可靠性与耐久性。希望研究车用工况下燃料电池衰减机理的科研单位与生产电堆和电池系统的单位真诚合作，共同开发控制电堆衰减的实用方法，大幅度提高电堆与电池系统的可靠性与耐久性。

(3) 加速空压机、储氢瓶和加氢站的研发与建设。加快车用燃料电池系统用空压机与70 MPa储氢瓶的研发和加氢站的建设。加大科研投入，联合攻关。空压机也可采用引进技术，合资建厂。

(4) 加速轿车用燃料电池技术的开发。开发长寿命的薄金属双极板，大幅度提高燃料电池堆的质量比功率与体积比功率；开发有序化的纳米薄层电极，大幅度降低电池的铂用量和提高电池的工作电流密度；采用立体化流场，减少传质极化。

(5) 加强整车的示范运行与安全实验，扩大燃料电池汽车示范的运行范围。

2) 建议的解释

针对国内氢燃料电池汽车市场化的上述5个建议的详细解释如下。

(1) 关于实现关键材料的批量生产。

目前，国产氢燃料电池发动机为什么比国外贵？其中一个原因就是我国的材料都是依靠进口，这些材料包括催化剂、隔膜和碳纸等。其实，在这方面国内已经取得一定的研发成果，如国内的催化剂、复合膜和碳纸等在技术水平上已经达到或超过国外商业化产品，只是急需产业界投入建立批量生产线，实现国产化。

(2) 关于提高燃料电池电堆和系统的可靠性与耐久性。

现在我国的氢燃料电池汽车，从整体而言并不比德国、美国、日本的车差，但可靠性和耐久性还有待提高。因此，需要研究车载工况下燃料电池衰减机能的科研单位与生产电堆和电池系统的单位真诚合作。

燃料电池系统的寿命不完全是由电堆决定的，还依赖于系统的配套，包括燃料供给、氧化剂供给、水热管理和电控等。

中国科学院大连化学物理研究所（简称大连化物所）在燃料电池衰减机理及控制策略方面已经开展了一些卓有成效的工作。研究表明，采用限电位控制策略可以显著降低燃料电池在起动、停车、急速等过程中引起的高电位衰减。采用"电-电"混合策略，可以平缓燃料电池输出功率的变化幅度，对延长燃料电池的寿命起到了决定性的作用。此外，氢侧循环泵、MEA在线水监测等措施可以有效地改善阳极水管理，从而提高燃料电池的耐久性。

(3) 关于加速空压机、储氢瓶和加氢站的研发与建设。

这是涉及燃料电池示范运行的一个大问题，希望我国能够加大科研投入，各单位联合攻关。鉴于我国在燃料电池车载空压机技术方面比较薄弱，建议采用引进技术与自主开发相结合，尽快推进该技术发展。在高压储氢瓶方面，建议尽快建立70 MPa IV型瓶的法规标准，储氢瓶成本还要进一步降低。在加氢站方面，尽管国家有补贴政策，但成本还是比较高。近期，可以根据燃料电池商用车或轨道交通车区域或固定线路运行的特点，建立区域性加氢站，满足示范运行需求。随着燃料电池汽车数量的增大，加氢站也会逐步增多，这是市场发展的必然趋势。

（4）关于加速轿车用燃料电池技术的开发。

商用车看重的是可靠性和耐久性，对质量比功率和体积比功率没有太高的要求；轿车是各大汽车公司比拼的地方，因为车内空间有限，所以质量比功率和体积比功率的要求较高，一般都要达到 3 kW/L 以上。大连化物所电堆体积比功率已经达到 2.7 kW/L，接近国际先进水平。此外，还要在高活性催化剂、低铂电极、有序化 MEA、3D 流场方面做相关的研究工作。

（5）关于加强整车的示范运行与安全实验。

联合国环境开发署三期"促进中国燃料电池汽车商业化发展"示范运行项目已经启动，计划在北京、上海、郑州、佛山、盐城这 5 个城市进行燃料电池汽车示范运行。此外，云浮等地方政府也在积极推动示范运行项目，但还要加大示范力度。

此外，安全性是老百姓比较关注的问题，一听说燃料电池带高压氢，大家都害怕。其实氢气比较轻，它的扩散系数是汽油的 22 倍，氢气漏出来以后很快就向上扩散了，不像汽油，漏出来以后就滞留在车的旁边。汽油着火是围绕车烧的，氢气着火是在车辆上方，所以氢气在开放空间里是非常安全的。但氢气在封闭空间的安全性要引起足够重视，如当家用氢燃料电池汽车在车库时，那么这个车库要加氢传感器，而且要加上通风装置，以防发生危险。现阶段建议载有氢燃料的汽车最好露天停放。

总之，目前我国政府非常重视新能源汽车的发展，燃料电池汽车迎来了良好的发展机遇。科研院所与企业界要联合攻关，继续完善燃料电池技术链，发展燃料电池产业链，加快促进我国燃料电池汽车商业化发展。

3）面临的挑战

目前，燃料电池汽车样车开发和示范运行都已证明其技术的可行性，但要达到实用化还面临着很多挑战，主要如下。

（1）燃料电池的寿命需要进一步提高。目前，燃料电池的使用寿命只有 2 000～3 000 h，而实用化的目标寿命应大于 5 000 h。因此，减缓和消除工况循环下材料与性能的衰减，增加对燃料与空气中杂质的耐受力，提高 0 ℃ 以下储存和起动能力等成为研究热点。

（2）燃料电池的成本要大幅降低。2005 年，美国能源部依据现有的材料与工艺水平，预测在批量生产条件下燃料电池系统的成本为 108 美元/kW，到 2010 年达到的目标成本是 35 美元/kW。为此，需要研究满足寿命与性能要求的廉价替代材料（如超低铂用量的电极，大于 120 ℃ 高温低湿度膜等）与改进关键部件的制备工艺，并逐步建立批量生产线。

（3）解决氢来源和基础设施问题。结合本地资源情况，选择合适的制氢途径，进行加氢站的建设和示范。同时，开展车载储氢材料和储氢方法的研究，提高整车续驶里程。

第二章

电动汽车动力电池

有电动汽车的车主询问电动汽车电池和手机电池是否相同,若不同,则二者的区别在哪里?

(1) 能说出汽车动力电池的性能指标。
(2) 能说出磷酸铁锂锂离子电池的特点。
(3) 能说出全固态锂离子电池的特点。
(4) 能说出吉利电池箱内电池的特点。
(5) 能画出电池箱的内部结构示意图。
(6) 能说出电池箱的制冷和制热原理。

(1) 能更换纯电动汽车电池箱。
(2) 能更换纯电动汽车电池箱内的一组电池。

第一节 蓄电池

一、蓄电池性能指标

蓄电池的作用是存储电能,在其充电过程中,电能通过蓄电池内活性物质的化学变化转变为化学能储存在蓄电池内;在其放电过程中,通过蓄电池内活性物质的化学变化逆转,将化学能转变为电能输出。

各种蓄电池的基本工作原理是电能→化学能→电能→化学能的可逆变换过程,能够反复使用,一般将能够把化学能转换为电能的电池称为蓄电池。

蓄电池在比能量和比功率方面的提高，使得电动汽车的动力性能也不断提高，一次充满电后的续驶里程也不断延长，而且这种提高一直在进行。蓄电池主要性能指标如下。

1. 电压（V）

（1）电动势：电池正极和负极之间的电位差 E。不同电池的电动势如表2-1所示。

【技师指导】电动势即当电池外部负载的电阻为无穷大，可完全忽略电池内阻时测得的蓄电池端电压，数值近似于下面的开路电压值。

表2-1 不同电池的电动势

电池	铅酸电池	镍镉电池	镍氢电池	锰钴锂电池	磷酸铁锂锂离子电池	钠硫电池
电压/V	2.1	1.2	1.2	3.7	3.2	2.1

（2）开路电压：电池在开路时的端电压，一般开路电压与电池的电动势近似相等。

【技师指导】万用表的内阻为几十兆欧，可近似看作无穷大，在忽略电池内阻的情况下测得的蓄电池端电压接近电池的电动势。

（3）额定电压：电池在标准规定条件下工作时应达到的电压。

（4）工作电压：在电池两端接上负载电阻后，在放电过程中显示出的电压，也称为负载电压或对外放电电压。

（5）终止电压：电池在一定标准所规定的放电条件下放电时，电池的电压将逐渐降低，当电池不宜继续放电时的最低工作电压称为电池的终止电压。

2. 电池容量（A·h）

（1）理论容量：根据蓄电池活性物质的特性，按法拉第定律计算出的最高理论值，一般用电池容量与电池质量的比（A·h/kg）来表示，也可以用电池容量与电池体积的比（A·h/L）来表示。

（2）实际容量：在一定条件下所能输出的电量，等于放电电流与放电时间的乘积。

（3）标称容量：用来鉴别电池的近似电池容量值，由于没有指定放电条件，因此只标明电池的容量范围而没有确切值，标称容量也称为公称容量。

（4）额定容量：按一定标准所规定的放电条件，电池应该放出的最低限度的容量，也称为保证容量。

（5）荷电状态：荷电状态（State of Charger，SOC）反映的是电池实际存储电荷与电池当前能存储的最多电荷之比，常用百分数表示。

SOC=1表示电池为充满状态，记为100%。随着蓄电池放电，蓄电池的电荷逐渐减少，此时可以用SOC的百分数的相对变化量来表示蓄电池中电荷的变化状态。

因为电池实际存储电荷与电池当前能存储的最多电荷两者都是变值，所以对SOC精确的实时辨识是电池管理系统的一个关键技术。

【技师指导】一般动力蓄电池放电高效率区SOC在50%~80%之间，对于混合动力汽车的电池管理系统一般实际控制在45%~85%之间。

3. 能量

电池存储的能量决定了电动汽车的行驶距离，其单位是千瓦时（kW·h），简称为度。

（1）标称能量：在一定标准所规定的放电条件下，电池所输出的能量。电池的标称能量是电池的额定容量与额定电压的乘积。

（2）实际能量：在实际条件下电池所能输出的能量，是电池的实际容量与平均工作电压的乘积。电池的质量包括电池本身的结构件质量和电解质质量。

（3）能量/质量比：动力电池组单位质量中所能输出的能量，也简称为比能量，单位为 W·h/kg。

（4）能量/体积比：动力电池组单位体积中所能输出的能量，也简称为能量密度，单位为 W·h/L。

4. 功率

功率是指在一定的放电制度下，电池在单位时间内所输出的能量，它决定了混合动力汽车的加速性能。

（1）功率/质量比：指电池单位质量中所具有电能的功率，也简称为比功率，单位为 W/kg。

（2）功率/体积比：指电池单位体积中所具有的电能的功率，也简称为功率密度，单位为 W/L。

【技师指导】这里总结一下"比"和"密度"的区别，比是和质量有关，密度和体积有关。

5. 电池的内阻

电流在通过电池内部电解液、隔膜、电极时受到的阻力会使电池的对外输出电压降低，该阻力称为电池的内阻。电池的内阻作用，使电池在放电时端电压低于电动势和开路电压，在充电时端电压高于电动势和开路电压。

【技师指导】正常工作的铅酸电池、镍氢电池、磷酸铁锂锂离子电池的内阻一般均为几毫欧姆。

不同蓄电池的内阻是不一样的，而且都不是固定值。一般来说，内阻会随着蓄电池的使用时间逐渐增大，新充满电的蓄电池内阻很小，而旧的蓄电池内阻很大。要想准确知道蓄电池内阻值的大小，需要用电池内阻测量仪测试。

电池内阻测量仪可通过连接电池的两端来测量出电池的内阻。而万用表是不能测量电池类元件的内阻的，因为电池本身是电源，测量电阻是用万用表内的电源，被测件是不能由万用表内的电源以外的电源供电的。

6. 循环次数

在一定的充、放电制度下，电池容量降到某一定值（如80%）之前，电池所能承受的循环次数，称为循环寿命，这是蓄电池的主要性能指标之一。

【技师指导】我国电动道路车辆用蓄电池标准规定，磷酸铁锂锂离子电池循环寿命不得小于300次，铅酸电池循环寿命不得小于400次。

在每一次循环中，电池中的化学活性物质要发生一次可逆性的化学反应。蓄电池充电和放电的循环次数与电池的充电和放电的形式、电池的温度和放电深度有关，放电浅有利于延长电池的寿命。电池在电动汽车上的使用环境，如电池组中各个电池的均衡性、安装、固定方式，所受的振动和线路的安装等，都会影响电池的工作循环次数，随着充电和放电次数的增加，电池中的化学活性物质会发生老化变质，逐渐削弱其化学功能，使得电池的充电和放电的效率逐渐降低，最后损失全部功能而报废。

7. 使用年限

电池除了以循环次数表示使用寿命外，通常还会用电池的使用年限来表示其寿命，单位为年。

8. 放电速率

放电速率简称为放电率，一般用电池在放电时的时间或用放电电流与额定电流的比值来表示。

（1）放电时率：电池以某种电流强度放电直到电池的电压降低到终止电压，所经过的放电时间。

（2）放电倍率：电池的放电电流值与电池额定容量数值的比值。

【技师指导】 设电池额定容量 $C = 6.5\ A \cdot h$，若以 6.5 A 的放电电流放电，放电倍率就为 1；若以 3.25 A 的放电电流放电，放电倍率为 0.5。

9. 自放电率

自放电率是指电池在存放时间内，且没有负荷的条件下自身放电，使得电池容量损失的速度，用单位时间月或年内电池容量下降的百分数来表示。

【技师指导】 铅酸电池的月自放电率为 0.03%；镍氢电池的月自放电率为 20%；磷酸铁锂锂离子电池的月自放电率为 5%~10%。

10. 成本

电池的成本与电池的技术含量、材料、制作方法和生产规模有关，目前新开发的电池成本较高，抬高了电动汽车的造价，因此开发和研制高效、低成本的电池是电动汽车发展的关键。

除上述主要性能指标外，还要求电池无毒性、对周围环境不会造成污染或腐蚀，使用安全，有良好的充电性能和充电操作方便，耐振动，无记忆性，对环境温度变化不敏感，易于调整和维护等。

目前，电池技术的瓶颈在于如何造出容量大（充满电可以连续行驶 400 km）且体积小、质量轻、价格低的电池，另外，还要考虑如何快速给电池充电。

【阅读环节】 特斯拉成本分析。

对于特斯拉纯电动汽车而言，动力电池模块（Cell 电芯 + Pack 包装及成组 + BMS 电池管理系统）的成本占据了整车成本较大的比例。

特斯拉 Model S 车型动力电池系统占整车成本的比例：85 kW·h 基本款的售价是 79 900 美元，按照特斯拉年报披露的毛利润率 22.5% 计算，其大概成本为 79 900 美元 × (1 - 22.5%) = 61 923 美元，那么可以计算出 Model S 的动力电池系统成本所占比例为 35 246 ÷ 61 923 × 100% = 56.9%，已经接近整车成本的 60%。

Model S 的能量成本：如果按照动力电池系统的成本计算，其能量成本是 35 246 美元 ÷ 85 kW·h = 415 美元/(kW·h)。Model S 在电芯水平的能量成本：26 680 美元 ÷ 85 kW·h = 314 美元/(kW·h)，该成本是按照松下与特斯拉新供货合同计算的结果。如果用 2011 年松下的供货价格，那么 Model S 的电芯能量成本：15 246 美元 ÷ 85 kW·h = 179 美元/(kW·h)。

Model S 动力电池系统的质量占整车的比例：Model S 的整车质量为 2 109 kg，那么电池占整车的质量比例为 339 kg÷2 109 kg=16%。而整个动力电池系统占整车的质量比例为 544 kg÷2 109 kg=26%。但是，一辆普通轿车的发动机占整车的大概比例在 15% 左右。

Model S 的电池寿命：实测单个松下 NCR18650A 电芯的循环性的数据表明，如果以 80% 容量保持率为标准，在室温下，0.5C、100% DOD 的测试条件下可以达到 1 700 次循环，容量型电芯能够达到这个循环寿命已经是相当不错了。由于每个电芯在内阻和容量上的差异性，因此成组以后循环性相对于单体电芯会有所降低。但是松下 18650 电芯的一致性非常好，而且特斯拉采用了独特的 BMS 设计原理，故有理由相信 Model S 的电池组循环性跟单电池相比没有较大幅度的下降。

二、具体电池性能指标

各种单体储能装置的性能指标比较如表 2-2 所示，要注意的是电池成组后单体电池的容量和充放电次数会有较大幅度的下降。

表 2-2　各种单体储能装置的性能指标比较

项目	铅酸电池	镍氢电池	磷酸铁锂锂离子电池
充电时间/h	4~12	12~36	3~4
充放电次数	400~600	>500	1 000
工作电流	高	高	中
记忆效应	轻微	有	很轻微
月自放电/%	0.03	20	5~10
能量密度/(W·h·kg^{-1})	30	60~80	100~200
功率密度/(W·L^{-1})	<1 000	>1 000	>1 000
安全性	一般	良	差
环境	有污染	基本无污染	基本无污染

早期电动汽车上应用最广泛的电源是铅酸电池，但随着电动汽车技术的发展，铅酸电池由于比能量较低，充电速度较慢，寿命较短，已逐渐被其他蓄电池所取代，而采用铅酸电池的低速电动汽车也不在新能源汽车之列。镍镉电池主要应用在电动工具或电动叉车上，没有实际应用在电动汽车上。

在一般情况下，电动汽车的电源为动力电池，动力电池在工作中进行的是频繁、浅度的充放电循环。在充放电过程中，电压、电流可能有较大变化。因此，电动汽车的动力系统对电池有如下 3 个方面的特别要求。

（1）要求动力电池具有高比功率。

（2）要求动力电池具有高充放电效率。

（3）要求动力电池在快速充放电和充放电过程变工况的条件下，能够保持相对稳定的性能。

三、混合动力汽车对蓄电池的基本要求

一般纯电动汽车电池要求有较大的比能量，而混合动力汽车所采用的动力电池组则要求有较大的比功率，两种电池在性能方面各有侧重，混合动力汽车对蓄电池的基本要求如下。

1. 比能量大

比能量是保证混合动力汽车能够达到合格的续驶里程的重要性能，连续 2 h 放电率的比能量不低于 44 W·h/kg。

2. 充电时间短

蓄电池的正常充电时间应小于 6 h，能够适应快速充电的要求，快速充电达到额定容量的 50% 的时间为 20 min 左右，能够实现感应充电。

3. 连续放电率高

能够适应快速放电的要求，连续 1 h 放电率可以达到额定容量的 70%。

4. 自放电率低

自放电率要低，能够保证长期存放。

5. 不需要复杂的运行环境

能够在常温条件下正常稳定地工作，不受环境温度的影响，不需要特殊加热，具有保温热管理系统，能够适应混合动力汽车行驶时减震的要求。

6. 安全可靠

干燥、洁净，电解质不会渗漏腐蚀接线柱和外壳，不会自燃或引起燃烧，在发生碰撞等事故时，不会对司乘人员造成伤害；能够进行回收处理和再生处理，其中的有害重金属能够进行集中回收处理；可以采用机械装置进行整体快速更换，线路连接方便。

7. 其他

循环寿命不低于 1 000 次，在使用寿命限定期间内，不需要进行维护和修理。

四、电池开发

镍氢（Ni–MH）电池比能量高、比功率高、可实现快速充电、成本高、潜力巨大，但高温性能差；锂聚合物（Li–Ion）电池比能量高、比功率高、成本高、潜力巨大，但低温性能差。目前，这两种电池是电动汽车常用的选择，不过它们对温度的要求恰好相反，因此要对电池箱内的温度进行管理。

【技师指导】未来可能采用如下电池，但并不确定未来商业化用哪种，所以只能作名称了解。

①镍/锌（Ni/Zn）电池：具有比能量高、比功率高、成本低、循环寿命短、潜力大等特点。

②锌/空气（Zn/Air）电池：具有机械式充电、成本低廉、非常高的比能量、比功率低、不能接受再生能量、潜力巨大等特点。

③铝/空气（Al/Air）电池：具有机械式充电、成本低、非常高的比能量、非常低的比功率、不能接受再生能量、潜力低等特点。

④钠/硫（Na/S）电池：具有比能量高、比功率高、成本高、安全性不高、需要热管理系统、潜力一般等特点。

⑤钠/氯化镍（Na/NiCl$_2$）电池：具有比能量高、成本高、需要热管理系统、潜力大等特点。

第二节　铅酸电池

铅酸电池的理论比能量为 175.5 W·h/kg，实际比能量为 35 W·h/kg，能量密度为 80 W·h/L。采用铅酸电池的低速电动汽车不是新能源汽车，但将铅酸电池用作混合动力汽车的电源还是可以的。

以酸性水溶液为电解质的蓄电池统称为酸蓄电池。由于车用铅酸电池电极以铅及其氧化物为材料，电解质为稀硫酸，故又称为铅酸蓄电池。

一、铅酸电池的特点

铅酸电池的特点是开路电压高，放电电压平稳，充电效率高，能够在常温下正常工作，生产技术成熟，价格便宜，规格齐全。近 10 年来，铅酸电池在国内外的第一代电动汽车中得到了广泛应用。

二、铅酸电池的种类

铅酸电池在汽车上要区分是启动铅酸电池还是动力铅酸电池。混合动力汽车的牵引用动力铅酸电池的性能与启动铅酸电池的要求是不同的。

1. 启动铅酸电池的特点

传统汽车的启动铅酸电池最大的特点就是允许短时大电流放电，不能用作电动汽车的储能电池。

2. 动力铅酸电池的特点

动力铅酸电池有比能量高、比功率高、循环寿命和使用寿命长，以及快速充电等特点，是电动汽车普遍采用的蓄电池。

三、铅酸电池的构造

图2-1为普通铅酸电池的构造。铅酸电池的基本单元是单体电池,每个单体电池都由正极板、负极板和装在正极板与负极板之间的隔板组成,且每个单体电池的基本电压均为2.1 V多一点,人们习惯称为2 V。不同容量的单体电池按使用要求进行组合,安装在不同的塑料外壳中,即可获得不同电压和不同容量的铅酸电池。铅酸电池总成经过灌装电解液和充电后,就可以从接线柱上引出电流。

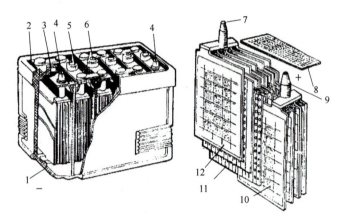

1—外壳;2—密封胶;3—加液口;4—正、负极接线柱;5—加液口塞;6—电极连接条;
7—负极板组;8—护板网;9—正极板组;10—二氧化铅;11—隔板;12—海绵状纯铅。

图2-1 普通铅酸电池的构造

四、铅酸电池的原理

1. 启动铅酸电池的原理

启动铅酸电池的放电和充电的反应过程,是铅酸电池活性物质进行的可逆化学变化过程,其化学反应方程式如下:

$$\underset{\text{正极}}{PbO_2} + 2H_2SO_4 + \underset{\text{负极}}{Pb} \underset{\text{充电}}{\overset{\text{放电}}{\rightleftharpoons}} \underset{\text{正极}}{PbSO_4} + 2H_2O + \underset{\text{负极}}{PbSO_4}$$

铅酸电池在放电时,化学反应由左向右进行,充电时的化学反应由右向左进行。由于铅酸电池在放电过程中,H_2SO_4溶液的浓度会逐渐减小,因此可以用密度计来测定H_2SO_4溶液的密度,再由铅酸电池电解液密度确定铅酸电池的放电程度。单体铅酸电池的电压为2 V,在使用或存放一段时间后,电压可能降低到1.8 V以下,或H_2SO_4溶液的密度下降到1.29 g/cm^3。此时,铅酸电池就必须充电,如果电压继续下降,则铅酸电池将会损坏。

2. 动力铅酸电池的原理

动力铅酸电池通常采用密封、无锑材料网隔板等技术措施,并在普通铅酸电池的电解液中加入硅酸胶（Na₂SiO₃）等凝聚剂，形成一种"胶体"电解质，采用"胶体"电解质的铅酸电池，使用起来更加方便。动力铅酸电池的化学反应方程式如下：

$$H_2SO_4 + Na_2SiO_3 =\!=\!= H_2SiO_3 + Na_2SO_4$$

阀控铅酸电池（VRLA）是装了排气阀的蓄电池，其特点是电极上带有催化剂，可以使充电时产生的氢气和氧气反应生成水流回电池，因而可以防止充电时产生的氢气和氧气逸散，控制水的消耗。一般情况下，阀控铅酸电池在运行（放电）过程中是"零排放"；只有在充电后期，生成的氢气和氧气过多来不及生成水，则内部压力上升才有机会打开排气阀。当蓄电池内的气体压力超过安全阀的压力时才有少量的氢气和氧气混合气体排放。图2-2为成组后的车用阀控铅酸电池。

图2-2 成组后的车用阀控铅酸电池

第三节 镍氢电池

一、镍氢电池简介

镍氢电池（Ni-MH）是一种碱性电池，单体电池电压为1.2 V，比能量范围为75~80 W·h/kg，比功率范围为160~230 W/kg，能量密度达到200 W·h/L，功率密度范围为400~600 W/L。

1. 优点

（1）充电18 min可恢复40%~80%的容量，过充电和过放电性能好。
（2）应急补充充电性能好，1 h内可以完全充满，应急补充充电的时间短。
（3）在80%的放电深度下，循环寿命可达到1 000次以上，是铅酸电池的3倍。
（4）一次充满电后续驶里程长，而且起动加速性能较好。
（5）可以在环境温度为-28~80 ℃的条件下正常工作。
（6）循环寿命可达到6 000次或7年。
（7）采用全封闭外壳，可以在真空环境中正常工作。
（8）低温性能较好，能够长时间存放。
（9）镍氢电池中没有铅（Pb）和镉（Cd）等重金属元素，不会对环境造成污染。
（10）镍氢电池可以随充随放，不会出现镍镉电池在没有放完电后即充电而产生的"记忆效应"。

2. 缺点

（1）在高温条件下使用时，电荷量会急剧下降。
（2）自放电损耗较大。

（3）价格高达 600~800 美元/(kW·h)，不同的储氢合金具有不同的储存氢的能力，价格也不相同。

（4）比功率和放电能力不及镍镉电池。

（5）在使用时，需要充分注意各个单体电池之间的一致性，特别是在高速率、深放电情况下，各个单体电池之间的容量和电压差较明显。此外，还要注重对电池组在充、放电过程中的导热管理和电池安全装置的设计。

目前，日本混合动力电动汽车多采用镍氢电池作为动力源。

二、镍氢电池的构造

镍氢电池正极是活性物质氢氧化镍，负极是储氢合金，电解质为氢氧化钾，在正负极之间有隔膜，共同组成镍氢单体电池。在金属铂的催化作用下，完成充电和放电的可逆反应。镍氢电池的特性与镍镉电池基本相同，但氢气是没有毒性的物质，无污染，安全可靠，使用寿命长，而且不需要补充水。

镍氢电池的极板有发泡体和烧结体两种，发泡体极板的镍氢电池的放电电压不能低于 0.9 V，工作电压也不太稳定，特别是在存放一段时间后，会有近 20% 的电荷流失，老化现象比较严重，因此为避免发泡镍氢电池老化所造成的内阻增高，在出厂前必须进行预充电；经过改进的镍氢电池的烧结体极板本身就是活性物质，不需要进行活性处理，也不需要进行预充电，电压平衡、稳定，具有低温放电性能好、不易老化和寿命长的优点。

通常镍氢电池的外形有方形和圆形两种。

三、镍氢电池的工作原理

镍氢电池在碱性电解液中进行反应的模型如图 2-3 所示，由球状氢氧化镍粉末与添加剂等金属、塑料和黏合剂等制成的涂膏，用自动涂膏机涂在正极板上，然后经过干燥处理成发泡的氢氧化镍正极板。在正极材料氢氧化镍中添加 Ca、Co、Zn 或稀土元素，对稳定电极的性能有明显的效果。采用高分子材料作为黏合剂或用挤压和轧制成的泡沫镍电极，并采用镍粉、石墨等作为导电剂时，可以提高大电流时的放电性能。镍氢电池在碱性电解质溶液中的化学反应方程式如下：

$$2NiOOH + KOH + H_2 \underset{\text{充电}}{\overset{\text{放电}}{\rightleftharpoons}} Ni(OH)_2 + KOH + Ni(OH)_2$$
$$\text{正极} \qquad \text{负极} \qquad\qquad \text{正极} \qquad\qquad \text{负极}$$

镍氢电池负极的关键技术是储氢合金，要求储氢合金能够稳定地经受反复的储气和放气。储氢合金是一种允许氢原子进入或分离的多金属合金的晶格基块，用钛-钒-锆-镍-铬（Ti-V-Co-Ni-Cr）5 种基本元素，并与钴、锰等金属元素烧结的合金，经过加氢、粉碎、成形和烧结，形成负极板。储氢合金的种类和性能，对镍氢电池的性能有直接的影响。负极在充电或放电过程中需要既不溶解，也不结晶，电极不会有结构性的变化，在保持自身化学功能的同时，还保证本身的机械坚固性。储氢合金一般需要进行热处理和表面处理，以增加其防腐性能，这有利于提高镍氢电池的比能量、比功率和使用寿命。

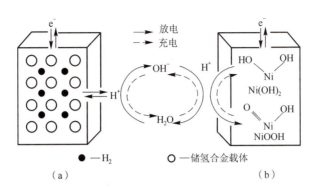

图 2-3 镍氢电池在碱性电解液中进行反应的模型
(a) 储氢合金载体负极；(b) 氢氧化镍正极

镍氢电池的电解质是水溶性氢氧化钾（KOH）和氢氧化锂（LiOH）的混合物，在充电过程中，水在电解质溶液中分解为氢离子和氢氧根离子，氢离子被负极吸收，负极从金属转化为金属氢化物；在放电过程中，氢离子离开负极，氢氧根离子离开正极，氢离子和氢氧根离子在电解质氢氧化钾中结合成水并释放电能。

镍氢电池在充电过程中容易发热，发热产生的高温会使正极板的充电效率变差，并加速正极板的氧化，从而缩短电池的寿命；镍氢电池在充电后期，会产生大量的氧气，在高温条件下，负极储氢合金氧化加速，并使储氢合金平衡压力增加，使储氢合金的储氢量减少，从而降低镍氢电池的性能；尼龙无纺布隔膜在高温的作用下，会发生降解和氧化。当尼龙无纺布隔膜发生降解时，会产生铵根离子（NH_4^+）和硝酸根离子（NO_3^-），加速镍氢电池的自放电；当尼龙无纺布隔膜发生氧化时，生成碳酸根离子（CO_3^{2-}），使镍氢电池的内阻增加。此外，在镍氢电池充电的过程中，电池温度迅速升高，会使充电效率降低，并产生大量的氧气，如果安全阀不能及时开启，则会有发生爆炸的危险。

四、充放电特性

1. 放电特性

当镍氢电池（6个单体电池组件）放电时，2C（C为电池容量，如6.5 A·h，2C指13 A的电流）的功率输出时的质量比功率可达到600 W/kg以上，3C的功率输出时的质量比功率可达到500 W/kg以上，深度范围内质量比功率的变化比较平稳，对混合动力汽车的动力性能的控制十分有利，电池的寿命可以达到10 000 km以上。

2. 充电特性

镍氢电池的充电接受性很好，充电效率几乎达到100%，能够有效地接受混合动力汽车在制动时反馈的电能。另外，由于能量损耗较小，镍氢电池的发热量被抑制在最小的极限范围内，可以有效地控制剩余电量，并用电流来显示电池的剩余电量。

五、实车应用

1. 本田车系

本田 Insight 镍氢电池组置于行李舱底板，由120颗松下1.2 V 镍氢电池组成，串联合计电压为 144 V，支持充电电流 50 A，放电电流 100 A，如图 2-4 所示。为延长电池寿命，每个电池单元放电容量为 4 A·h，电池组总共可放出的能量为 144 V×4 A·h = 0.576 kW·h。

2. 丰田车系

丰田第二代普锐斯镍氢电池组重 53.3 kg，由 28 组松下镍氢电池模块构成，每个模块分别载有 6 个 1.2 V 电池，总计 168 个电池，串联标称电压合计 201.6 V，比上第一代的 38 组 228 个电池有所减少。丰田第二代普锐斯镍氢电池的组如图 2-5 所示，松下镍氢电池模块如图 2-6 所示。2009 年的第三代丰田普锐斯在国外为插电式混合动力汽车（PHEV），电池装载较多，而在国内因无插电功能，所以电池数量和第二代完全相同，标称电压为 201.6 V。

图 2-4 本田 Insight 镍氢电池组

图 2-5 丰田第二代普锐斯镍氢电池组

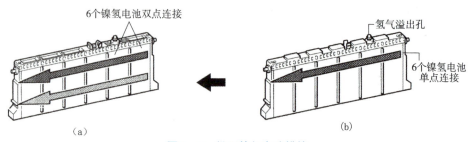

图 2-6 松下镍氢电池模块
(a) 新车型；(b) 旧车型

旧车型的蓄电池电瓶间为单点连接，接点在电瓶上部；而新车型的蓄电池电瓶间为双点连接，新增的点在电池下部，从而降低蓄电池的内部电阻。

在镍氢电池的制造技术上进行一些改进，如正极板采用多极板技术，负极板采用端面焊接技术，在电解液中加入适量的 LiOH 和 NaOH，采用抗氧化能力强的聚丙烯毡作隔膜等，可以有效地提高镍氢电池耐高温能力；在镍氢电池动力电池组之间，加大散热间隙，采取有效的散热措施和建立自动热管理系统，可以保证镍氢电池正常工作并延长使用寿命；镍氢电池通过增大冷却强度可以让动力电池的放电功率有一定程度的提高，如由 25 kW 提高到 27 kW。

第四节　锂离子电池

2019 年，实用商品化的纯电动汽车统一采用锂离子电池，可据此推测，未来很长一段时间纯电动汽车的动力源仍只有锂离子电池。

一、锂离子电池的组成

锂离子电池主要由电极、隔膜、电解质和外壳组成。正极材料主要为含锂的化合物，负极材料大多采用石墨；隔膜是一层具有电绝缘特性的物质，它可以把正负极分隔开，具有使电解质中离子通过的能力；常用的电解质为有机物；外壳主要有钢壳、铝塑膜，铝塑膜大多由耐磨层、铝层、防腐蚀层、黏结层组成，耐磨层是电池的外表面，可以防止汽车在长期运行中电池位置错动引起的磨损，铝层可以防止水分进入。

下面重点介绍普通锂离子电池、磷酸铁锂（$LiFePO_4$）锂离子电池和固态锂离子电池各自的特点。

二、不同锂离子电池的特点

1. 普通锂离子电池的特点

目前，市场上的锂离子电池正极材料主要是氧化钴锂（$LiCoO_2$），还有少数采用氧化锰锂（$LiMn_2O_4$）、氧化镍锂（$LiNiO_2$）和三元材料［$Li(NiCo)O_2$］作为正极材料的锂离子电池。不同正极材料锂离子电池的放电曲线如图 2-7 所示。

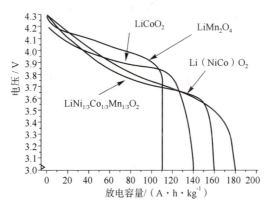

图 2-7　不同正极材料锂离子电池的放电曲线

普通锂离子电池有如下优点：

（1）普通单体电池工作电压高达 3.7 V，是镍氢电池的 3 倍，是铅酸电池的近 2 倍。

(2) 质量轻,且比能量大(高达 150 W·h/kg),是镍氢电池的 2 倍,铅酸电池的 4 倍,因此其质量是相同能量的铅酸电池的 1/4 ~ 1/3。

(3) 体积小,能量密度高达 400 W·h/L,其体积是同能量密度铅酸电池的 1/3 ~ 1/2。

(4) 提供了更合理的结构和更美观的外形设计条件、设计空间和可能性。

(5) 寿命长,循环次数可达 1 000。以容量保持 60% 计,电池组 100% 充放电循环次数可以达到 600,使用年限可达 5 年,寿命约为铅酸电池的 2 ~ 3 倍。

(6) 自放电率低,每月不到 5%。

(7) 允许工作温度范围宽,低温性能好,可在 -20 ~ 55 ℃ 之间工作。

(8) 无记忆效应,所以每次充电前不必像镍镉电池、镍氢电池一样需要放电,可以随时随地进行充电。

(9) 电池充放电深度对电池的寿命影响不大,可以全充全放。

(10) 无污染,锂离子电池中不存在有毒物质,因此被称为"绿色电池"。

钴酸锂电池和三元材料锂电池具有质量更轻、体积更小等优点,但是它们不是特别适合作为动力电池使用。同时,钴酸锂电池的主要原材料金属钴在我国储量极少,目前 80% 的金属钴基本靠进口,在我国难以大规模使用。此外,由于它们的比能量高,材料稳定性差,容易出现安全问题,如果单体容量过大,一旦产生爆炸将十分危险。不过最近几年随着电动汽车电池生产技术的提高,采用三元材料锂电池的电动汽车越来越多。

奥迪 Q5 混合动力汽车锂离子电池组如图 2 – 8 所示。

图 2 – 8 奥迪 Q5 混合动力汽车锂离子电池组

2. 磷酸铁锂锂离子电池

1997 年,美国人发现磷酸铁锂适合用来制作动力电池。事实证明,磷酸铁锂锂离子电池是目前适合用于电动汽车产业化的锂离子电池。一汽奔腾 B50EV 汽车磷酸铁锂锂离子电池组如图 2 – 9 所示。

磷酸铁锂锂离子电池的优点如下。

(1) 高效率输出。标准放电为 2C ~ 5C、连续高电流放电可达 10C,瞬间脉冲放电 (10 s) 可达 20C。

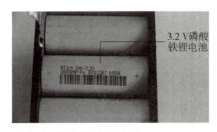

图 2-9　一汽奔腾 B50EV 汽车磷酸铁锂锂离子电池组

（2）高温时性能良好。外部温度为 65 ℃时内部温度高达 95 ℃，电池放电结束时温度可达 160 ℃，电池的结构安全、完好。

（3）安全性好。当电池内部或外部受到伤害时不发生燃烧、爆炸。

（4）循环容量大。经 500 次循环，其放电容量仍大于 95%。

3. 全固态锂离子电池

传统的锂离子电池的液态电解质存在耐热性问题。由于液态电解质具有挥发性，所以操作温度最高限制在 60 ℃。因此，如果没有冷却系统，在高温环境中无法使用传统的锂离子电池。要应用于高温环境，就需要研发出不易挥发的固态电解质。然而，固态电解质的锂离子传导性比液态电解质低，因而还必须降低全固态锂离子电池的内阻才能投入商用。

全固态锂离子电池是指电池结构中所有组件都是以固态形式存在，而如今传统的商业化的锂离子电池则是液态锂离子电池，即电解质是液态溶液。具体来说，就是把传统锂离子电池的液态电解质和隔膜替换为固态电解质，一般是以金属锂为负极，也可是石墨类及其他复合材料。液态锂离子电池和固态锂离子电池的结构如图 2-10 所示。

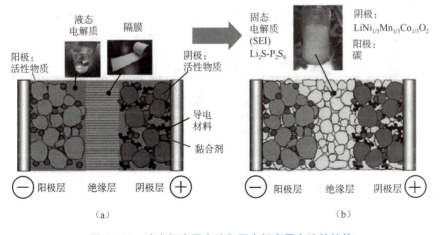

微课 1　固态锂离子电池工作原理

图 2-10　液态锂离子电池和固态锂离子电池的结构

(a) 液态锂离子电池；(b) 固态锂离子电池

液态电解质优点：工业化、自动化程度高，有较好的界面接触，充放电循环电极膨胀相对可控，单位面积的导电率高。缺点：易挥发、易燃烧，导致电池的安全/热稳定性较差，依赖于形成 SEI 膜，锂离子和电子可能同时传导。

固态电解质优点：高安全/热稳定性（针刺和高温稳定性极好，可长期正常工作在 60～120 ℃条件下）；具备可达 5 V 以上的电化学窗口，可匹配高电压材料；只传导锂离子不传导电子；可以在电池内串联组成高电压的单体电池；简化了冷却系统，提高了能量密度；可使用在超薄柔性电池领域。缺点：在充放电过程中界面应力受影响；单位面积离子电导率较低，常温下比功率低；成本极为昂贵；工业化生产大容量电池有很大困难。

三、锂离子电池的工作原理

无论是高压（3.7 V）锂离子电池还是低压（3.2 V）锂离子电池，其基本原理是相同的。各种锂离子电池内部主要由正极、负极、电解质及隔膜组成，正极、负极及电解质材料不同，工艺上的差异都会使电池有不同的性能，尤其是正极材料对电池的性能影响最大。

下面以磷酸铁锂锂离子电池为例，说明其工作原理。磷酸铁锂锂离子电池的结构与工作原理如图 2-11 所示。磷酸铁锂作为电池的正极，由铝箔与电池正极连接，中间是聚合物的隔膜，它把正极与负极隔开，锂离子（Li^+）可以通过而电子（e^-）不能通过，右边是由碳（石墨）组成的电池负极，由铜箔与电池的负极连接。电池的上下端之间是电池的电解质，电池由金属外壳密闭封装。当磷酸铁锂锂离子电池在充电时，正极中的锂离子通过聚合物隔膜向负极迁移；当放电时，负极中的锂离子通过隔膜向正极迁移。锂离子电池就是因锂离子在充放电时来回迁移而命名的。

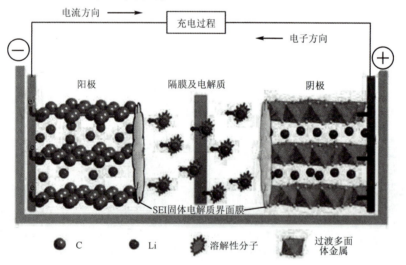

微课 2　磷酸铁锂电池工作原理

图 2-11　磷酸铁锂锂离子电池的结构与工作原理

【技师指导】锂离子电池工作原理：正极是由含有锂离子的金属氧化物组成，负极一般是石墨构成的晶格，充电时锂离子由正极向负极一端移动，最终嵌入由石墨构成的稳定的晶格中。可以容纳锂离子的晶格越多，可以移动的锂离子就越多，电池容量就越大。

第五节 锂离子电池箱

动力系统（电力驱动系统）的锂离子电池包括锂离子电池箱、锂离子电池本身、高压配电箱、锂离子电池管理系统。电池管理系统的主要监测内容如下：一是每块锂离子电池的电压；二是电池的充电电流或放电电流；三是电池箱内的温度，负责在锂离子电池过冷时加热，在锂离子电池过热时降温；四是高压配电箱中各继电器开关闭合或断开的反馈信号。当高压绝缘检测功能不独立成控制器时，高压绝缘检测也由电池管理系统完成，所以输入信号增加漏电电流检测功能。

一、锂离子电池箱铭牌

吉利（GEELY）帝豪 EV300 纯电动汽车的电池箱铭牌如图 2-12 所示。电池采用三元锂离子电池，电池供应厂家为宁德时代（CATL）。

电池的标称电压为 346 V，容量为 120 A·h，质量为 416 kg，最多可充入 346 V×120 A·h = 41.52 kW·h 的电能。

二、锂离子电池箱盖

为了在汽车车身下侧布置电池箱，电动汽车电池箱的外观一般设计成如图 2-13 所示的结构，这样最大限度地增加了电池的数目，又不会特别影响底盘的通过性。

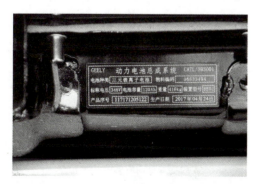

图 2-12 吉利（GEELY）帝豪 EV300 纯电动汽车的电池箱铭牌

图 2-13 电动汽车电池箱的外观

电池箱的上盖一般采用玻璃钢材料制作，质量轻，电绝缘和热绝缘效果好。

电池下部底拖板采用金属制作，在底拖板的外缘设计有与车身底部连接的螺栓孔，通过大量的螺栓将电池箱连接在车身底侧上。

电池箱从车上抬下或抬上要采用电池举升机来辅助完成，没有电池举升机是十分困难和危险的。

三、电池箱分解

在分解电池箱前，为了安全起见，一定要取下检修塞并妥善保存，以防被误插回，检修塞插头位置如图2-14所示。拆下锂离子电池箱上盖的沉头螺栓，再拆下上盖和下部底拖板间的大量螺栓即可取下上盖。

在检修车辆高压系统时，要拔下电池箱上的检修塞插头后才能安全地进行高压作业。检修塞内装有银质直流保险丝，且检修塞和检修塞座之间的插拔是有次数限制的。

要拆开电池箱时，也必须将检修塞从检修塞座取下并妥善保管，如图2-15所示。

图2-14 内置保险丝的检修塞插头位置

图2-15 拔下内置保险丝的检修塞插头

拆电池箱的上盖：首先，取下电池箱检修塞位置的4个沉头螺栓，如图2-16所示，将电池箱后侧抬起，并向前推上盖，保证前部高压电缆引出座从电池上盖中让出，取下上盖，可见到如图2-17所示的电池箱内部结构。

图2-16 取下电池箱检修塞位置的4个沉头螺栓

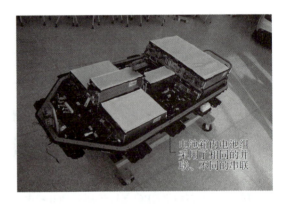

图2-17 取下上盖的锂离子电池箱内部结构

四、锂离子电池成组

锂离子电池箱内的电池通常采用多个电池并联以增大容量，这些并联的电池再串联成为一组，如图2-18所示，多组电池再串联成为电池箱内的动力电池。

什么是电池组的3P5S或3P6S？如吉利的电池组分成两种，一种是3P5S，另一种是3P6S。3P的意思是3个40 A·h的锂离子电池并联成为120 A·h的电池，P表示并联；5S的意思是5个这样的120 A·h电池串联成为一组，S表示串联。同理，3P6S是6个这样的120 A·h电池串联成为一组，如图2-19所示。采用3P5S和3P6S分组是由底盘所能允许的空间造成的，设计者也想设计成两个同样的组，但受空间限制，只能设计成两组不同的样式，这样更适合电池箱的形状。

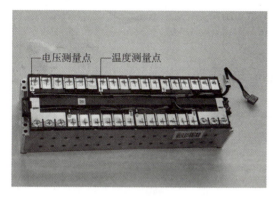

图2-18 三并六串的一个电池组

图2-19 电池的串、并联

不同电池组之间通过橙色扁电缆连接形成组与组的串联。为了对不同组作区别，要在电池的侧面标出电池是如何串联的，同时电池组之间也要编号，如M1、M2、…、M17，具体的两种串、并联结构如图2-20所示。

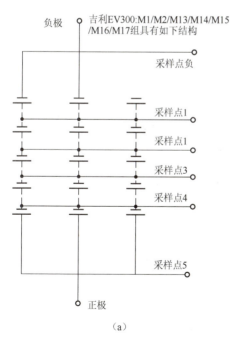

(a)

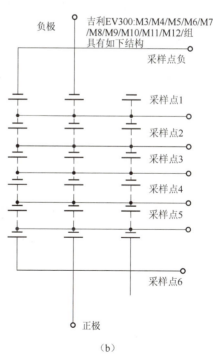

(b)

图2-20 吉利EV300电动汽车的电池的两种串、并联结构

(a) 3P5S 三并五串电池组结构；(b) 3P6S 三并六串电池组结构

吉利电动汽车 EV300 的电池箱说明见表 2-3。

表 2-3 吉利电动汽车 EV300 的电池箱说明

采集盒型	电池形式 3P5S	电池形式 3P6S	CAN 总线端电阻/kΩ	电池故障编号查询
CSC1（尾号 37）	M1、M2	—	27	1~10
CSC2（尾号 45）	—	M3、M4	27	11~22
CSC3（尾号 45）	—	M5、M6	27	23~44
CSC4（尾号 45）	—	M7、M8	27	45~56
CSC5（尾号 45）	—	M9、M10	27	57~68
CSC6（尾号 45）	—	M11、M12	27	69~80
CSC7（尾号 37）	M13、M14	—	27	81~90
CSC8（尾号 38）	M15	—	27	91~95
CSC9（尾号 46）	M16、M17	—	27	96~115

第三章

电池管理系统

情境引入

一辆 2014 年 5 月出厂的比亚迪 E6 纯电动汽车，2019 年 8 月仪表上出现一个红色的蓄电池符号，旁边还带有一个感叹号。关掉点火开关，重新开启上电操作，有时符号消失还能上电 OK，偶尔符号出现时就不能上电 OK 了。经比亚迪服务技师用诊断仪诊断后为电池电芯老化严重。

如果你是接车的修理技术人员，应如何找出故障原因？修理方案应如何制订？

学习目标

(1) 能说出汽车动力电池的性能指标。
(2) 能说出磷酸铁锂锂离子电池的特点。
(3) 能说出全固态锂离子电池的特点。
(4) 能说出吉利电池箱内电池的特点。
(5) 能画出电池箱内的结构示意。
(6) 能说出电池箱的制冷和制热原理。

技能目标

(1) 能更换纯电动汽车电池箱。
(2) 能更换纯电动汽车电池箱内的一组电池。

第一节　电池管理系统的功能

电池管理系统（Battery Management System，BMS），但在生产和售后服务资料中称为电池管理 ECU 或控制单元。丰田普锐斯混合动力汽车电池管理单元如图 3-1 所示，比亚迪 E6 纯电动汽车电池管理单元如图 3-2 所示。

图 3-1 丰田普锐斯混合动力汽车电池管理单元

图 3-2 比亚迪 E6 纯电动汽车电池管理单元

一、单体电池问题

1. 大容量单体电池容易产生过热

汽车动力电池采用大容量单体电池容易产生过热。单体电池有一定的温度耐受范围，在实际应用中如果体积过大，会产生局部过热，从而影响电池的安全和性能。因此，单体电池的大小受到限制，动力和储能电池不可能采用超大的单体锂电池。在苛刻的使用环境下，110 mm×110 mm×25 mm 的 20 A·h 锂电池，局部最高温度为 135 ℃；而 110 mm×220 mm×25 mm 的 50 A·h 锂电池，局部温度高达 188 ℃，更容易发生安全问题。所以有必要监测和控制单体电池的温度。

2. 电池的性能不完全一致

基于现有的正极材料和电池制造水平，单体电池之间尚不能达到性能的完全一致，在通过串并联方式组成大功率、大容量的动力电池组后，苛刻的使用条件也易诱发局部偏差，从而引发安全问题。因此，为确保电池的性能良好、延长电池使用寿命（提升 50% 以上），必须使用电池管理系统对电池组进行合理有效地管理和控制。生产和使用过程中造成电池性能不一致的原因见表 3-1。

表 3-1 生产和使用过程中造成电池性能不一致的原因

过程	原因	造成的差异
生产过程	※生产工艺、材质有差异 ※生产的批次不同 ※个别电池生产时内部短路	※电压、内阻、容量不同 ※电流承受能力不同 ※电压分布不均匀
使用过程	※长时间使用，材质老化不同步 ※电池自放电 ※电池组内不同区域温度不同 ※串、并联充放电工作电流 ※系统局部漏电	

二、电池成组问题

电池成组后主要的问题有以下 4 个方面。

1. 过充/过放

串联的电池组在充电/放电时，由于充电/放电时化学反应不一致，部分电池可能先于其他电池充满/放完。继续充电/放电就会造成过充/过放，锂电池的内部副反应将导致电池出现容量下降、热失控或内部短路等问题。

2. 过大电流

并联、老化、低温等情况，均会导致电流超过部分电池的承受能力，从而降低电池的寿命。

3. 温度过高

局部温度过高，会使电池的各项性能下降，最终导致内部短路和热失控，产生安全问题。

4. 短路或者漏电

因为振动、湿热和灰尘等因素造成的电池短路或漏电会威胁司乘人员的人身安全。

三、电池管理系统的功能

电池管理系统的主要任务和输入/输出见表 3-2。

表 3-2　电池管理系统的主要任务和输入/输出

BMS 的主要任务	输入	输出
电压不一致监控	单体电压值	动力电池故障灯
电池组件电压平衡	电池电压和温度	电压平衡电路（目前商品化车无此技术）
内阻不一致监控	单体电池内阻值	动力电池故障灯
低温或电量低时限流控制	电池电压、电流、温度	通知功率元件进行限流降功率
上电继电器组控制	制动信号和一键开关信号	上电继电器组
直流充电继电器组控制	直流充电枪 CAN 信号	直流充电继电器组
车载充电机充电电压控制	电池电压、电流、温度	充电机充电电流
直流充电桩充电电压控制	电池电压、电流、温度	充电机充电电流
电池箱内部温度平衡控制	电池温度	※电池箱内制冷装置电磁阀阀门 ※电池箱内制热装置电磁阀阀门 ※鼓风机电机转速控制
电池电量（SOC）计算	电池电压、电流、温度	※仪表 SOC 显示 ※仪表剩余行驶里程计算
绝缘检测	电池电压、电流	※动力电池绝缘警告灯 ※动力电池故障灯

1. 输入信号

电池管理系统的功能是要避免电池成组后出现问题，因此需要动态监测动力电池组的工作状态，利用电池电压、温度和电流进行管理。

1）电压

利用成组或每块电池的端电压进行电池一致性计算、总电压计算，采用成组后的电池是降低成本和提高可靠性的一种实用方式。

2）温度

对每个电池的温度进行直接监测是不现实的，汽车制造商采用的实用的方法是监测电池箱内的温度，作为温度控制的依据。

3）电流

利用电流信号估算出各电池的荷电状态；利用电流和电压共同推断电池的健康状态（State of Health，SOH）和电化学状态（State of Electroformation，SOE）。

2. 输出控制

1）SOC 计算

将估算的剩余电量显示出来或换算成可行驶里程，若有过大功率输出超过当前 SOC 的功率允许值，则进行限制。

2）电压不一致监控

监控单体电池电压值中的最高值和最低值，若超过限制值，则点亮动力电池故障灯。同时，能够及时给出故障电池所在箱号和箱内位号，方便挑选出有问题的电池，保持整组电池运行的可靠性和高效性。

【技师指导】这种电压不一致是在充电/放电电流相同的情况下仍然产生的故障现象，未来可能通过电池组件电压平衡技术电路来解决，目前商品化电动汽车还未发现应用此技术，究其原因，是其经济效益并不被厂家认可，增加的成本较高。

3）内阻不一致监控

通过单体电池的电压和电流计算出内阻值，若单体电池之间内阻不一致，则点亮动力电池故障灯。同时，能够及时给出故障电池所在箱号和箱内位号，方便挑选出有问题的电池，保持整组电池运行的可靠性和高效性。

4）低温或电量低时限流控制

在动力电池低温或电量过低时，驾驶员若将加速踏板用力踏下，则功率元件按大电流工作会损坏电池。为保护电池，动力电池管理系统通过计算决定是否进行限流降功率控制。

5）上电继电器组控制

在驾驶员踩下制动开关，并按下一键开关后，若电池管理系统无故障码存在，则电池管理系统会控制上电继电器组的线圈电路工作，从而接通动力电池与变频器、空调压缩机、PTC 加热器的电路。

6）车载充电机充电电压控制

在进行交流充电时，电池管理系统根据监测电池所得数据判断当下最优的充电电压，同时将这个电压告知车载充电机控制器，车载充电机控制器控制直流充电模块组以最优充电电压给动力电池充电。当电池有故障时，通过 CP 通信告知交流供电桩控制器停止充电。

7）直流充电桩充电电压控制

在进行直流充电时，电池管理系统根据监测电池所得数据判断当下最优的充电电压，同时将这个电压告知直流充电桩控制器，直流充电桩控制器控制直流充电模块组以最优充电电压给动力电池充电。当电池有故障时，通过 CAN 通信告知直流充电桩控制器停止充电。

8）直流充电继电器组控制

在进行直流充电时，电池管理系统控制高压配电箱内部的直流充电继电器组工作。

9）电池箱内部温度平衡控制

电池箱内部布置多个采样点，当发现温度过高时，就启动鼓风机进行通风冷却。有的电动汽车电池箱内设置有专门的冷却器对电池箱内的空气进行冷却，冷却器内部可以是冷却水，也可以是空调的制冷剂，电池管理系统会打开一个电磁阀阀门将冷却水或制冷剂引入冷却器中。

10）绝缘检测

电池管理系统通过外置或内置的绝缘检测电路对动力电池的正极、负极和车身的绝缘电阻进行实时监测。若发现绝缘电阻低于 500 Ω，则点亮动力电池绝缘警告灯，进行低级别的报警。若发现绝缘电阻低于 100 Ω，则点亮动力电池绝缘警告灯，进行高级别的报警。

第二节　电池管理系统的技术

电池管理系统主要执行以下工作：电压、电流与温度测量；计算 SOC；计算电池放电深度 DOD；计算最大允许放电电流；计算最大允许充电电流；预测蓄电池寿命指数和 SOH；故障诊断。

一、SOC 的估算方法

传统的 SOC 基本估算方法有安时法、开路电压法和直流内阻法等，近年来又相继研发出许多对电池 SOC 的智能算法和新型算法。但各种智能算法和新型算法不够成熟，有些复杂算法在单片机系统上难以实现。为了更准确估算 SOC，在算法中还需要考虑对电池的温度补偿、自放电和老化等多方面因素，这也加大了算法的复杂程度。目前，国内实际应用的实时在线估算 SOC 的方法大多采用以电流积分为主，加上不同的电压修正的方式（开路电压法、零负载电压法），但是测量精度还未达到很好的效果。

1. 安时法（电流积分法）

安时法是目前唯一可以精确计算电池组 SOC 的方法，该方法要求标定 SOC 初始值，需要精确计算充电效率或放电倍率，以恒定电流对电池组进行充放电，且必须将电池组彻底放电，存在累积误差。

2. 开路电压（OCV）法

开路电压法根据电池在充分静置之后测得的开路电压值来计算 SOC，正相关性容易受温度、静置时间等因素的影响；电压处于平台上，SOC 估算易造成较大误差。

【技师指导】在实际汽车 SOC 的计算中，先在点火开关打开的时候采用开路电压法计算 SOC 的初始值，然后采用安时法计算动态增加或减少的电量值，最终确定 SOC 的准确值。

3. 直流内阻法

直流内阻在 SOC 处于 50% 以下时，呈负相关性，当 SOC 处于 50%~80% 时不适用；直流内阻很小，准确测量困难；受其他很多非线性因素的影响。

此外，电池电解液有效质量法适合铅酸电池，不适合镍氢电池和锂离子电池；其他方法还有零负载电压法、放电法、在线辨识电池的准确模型法、电化学分析法、线性模型法。

二、动力电池组的安全管理

动力电池组管理系统要承担动力电池组的全面管理，一方面保证动力电池组的正常运作，显示动力电池组的动态信息，并能及时报警，使驾驶员随时都能掌握动力电池组的情况；另一方面要对人身和车辆安全进行保护，避免因电池故障引起各种事故。

电池与电池、电池组与电池组之间需要用高压电缆连接。当动力电池组的总电压较高或采用高压直流输出时，高压电缆的截面积比较小，有利于电线束的连接和固定，但高电压要求有更可靠的防护。

当动力电池组的总电压较低时，电流比较大，则高压电缆的截面积比较大，但高压电缆很硬，不能随意变形，故安装较不方便。各个电池箱之间还需要用高压电缆串联起来，一般在最后输出的电池箱中加装手动或自动断电器，以便在安装、拆卸和检修时切断电流。另外，在电池箱中还有各种传感器线束，因此在汽车上有尺寸很长的各种各样的电线束，要求电线之间有可靠的绝缘，并能快速进行连接。

动力电池组的总电压一般为 90~400 V，这样的高电压会对人体造成危害，应采取有效的隔离措施，一般是将动力电池组与车辆的乘坐区分离，布置在底板下面或车架的两侧。在正常的情况下，当车辆停止使用时，通常会自动切断电源，只有在汽车起动时才接通电源。当汽车发生碰撞或倾覆时，电池管理系统应能立即切断电源，防止高压电引起的人身事故和火灾，并防止电解液造成的伤害，以保证人身安全。可以利用安全气囊触发电池管理系统控制自动开关断开。

电池自身的安全问题，如锂离子电池在过充电时会着火甚至爆炸，是国内外各大汽车公司和科研机构当前所面临和必须解决的难题，它直接影响电动汽车是否能够普及应用。电池管理系统在安全方面侧重于对电池的保护，以及防止高电压和高电流的泄漏，其所必备的功能有：过电压和过电流控制、过放电控制、防止温度过高，以及在发生碰撞的情况下关闭电池输出。这些功能可以与电气控制、热管理系统相结合来完成。

三、电池箱热管理系统

汽车上使用的动力电池组在工作时都会有发热现象，不同蓄电池的发热程度也各不相同，有的蓄电池在夏季自然通风即可满足电池组的散热要求，但有的蓄电池则必须强制通风来进行冷却，才能保证电池组正常工作并延长蓄电池的寿命。

至于蓄电池工作时产生的热量，理想情况是可以将其充分利用，如用于取暖和挡风玻璃除霜等，但实际汽车结构设计决定了很难或不能很经济地利用这部分热能。

另外，北方冬季有的蓄电池需要加保温电池箱，并设计恒温控制系统。电池组装在一个系统中，各个蓄电池的温度应保持一致或接近。

根据动力电池组在电动汽车上的布置，动力电池组的温度管理系统中，首先应合理安排动力电池组的支架，要求便于动力电池组安装，能够实现机械化装卸，便于各种电线束的连接。在动力电池组的支架位置和形状确定后，再设计通风管道、风扇、动力电池组 ECU 和温度传感器等。

电池在不同的温度下会有不同的工作性能，如铅酸电池、锂离子电池和镍氢电池的最佳工作温度为 25～40 ℃。温度的变化会使电池的 SOC、开路电压、内阻和可用能量发生变化，甚至会影响到电池的使用寿命。温度的差异也是引起电池不均衡的原因之一。

热管理系统的主要任务是使电池工作在适当的温度范围内，降低各个电池模块之间的温度差异。

使用车载空调器可以实现对电池温度的控制，这也是电动汽车常用的温度控制方法，如利用空调制冷剂通入蓄电池的散热器内部。

四、电池组均衡方法

针对纯电动汽车，电池组也称为电池包，其有别于单体电池。在我国目前的锂电池制造水平下，单体电池之间的性能差异在其整个生命周期里不可避免地会存在，组合成多节串联电池包后如不采取技术措施，就会导致单体电池由于过充、过放而提前失效。要想避免单体电池由于过充、过放导致提前失效，使电池包的性能指标达到或者接近单体电池的水平，则必须对电池组中单体电池进行均衡控制，电池组均衡的使命是将多节串联后的电池包内部各电池单体充放电性能恶化减少到最小或消失。

避免电池包内部各电池单体放电时产生性能恶化采用简单的控制电路就可做到，但充电时避免电池包内部各电池单体产生性能恶化，却有较大难度，这使充电均衡成为电池包均衡的一个主要问题。

多节动力电池组的均衡控制方法有：单体充电均衡、充电/放电联合均衡和动态均衡。

1）单体充电均衡

单体充电均衡是指对电压低的单体电池进行充电以达到平衡，在一个容量及放电功率平衡设计良好的系统中，只要充电均衡控制到位，最差单体电池的性能也能达到出厂指标。

2）充电/放电联合均衡

如果单体充电均衡控制不能到位，充电/放电联合均衡就变得非常重要，在这一情况下，总均衡量是充电/放电均衡量之和，但这种方式对电池非常不利，因为充电时仍有可能出现过充。

放电均衡是使电池包放电时放出能量为所有电池能量的平均和，不能解决单体锂电池组合成电池包后性能恶化的主要问题。

事实上，只要单体充电均衡控制到位，即每次单体充电均衡控制都可使最差单体电池的电压回复到充满。这样，电池包的各项性能由最差单体电池的性能决定，最差单体电池的性能如果达到出厂指标，则电池包各项性能就能达到设计指标。

3）动态均衡

动态均衡即在锂电池的使用和闲置全程中进行的充放电均衡，可以通过延长均衡时间来掩盖充电/放电均衡量不够所产生的问题。在动态均衡下，因为电池每时每刻都在细微均衡，故在充电和放电时所需要的均衡量大幅下降。

五、电池均衡技术

为了克服电池不一致带来的严重影响，在电池使用中，人们提出了对电池进行均衡的要求。为此，近十几年来，许多电池管理系统的研发者采用了各种各样的方法来进行电池的均衡。归纳起来有以下3种方法，即分流法（旁路法）、切断法和并联法。

1. 分流法（旁路法）

分流法是指在充电时，当某一电池的充电电压超过设定值时，通过与该电池并联的电阻分流来达到降低该电池充电电压的目的。这种方法结构复杂，体积大，分流时发热量大，通用性差。在实际使用时，未必非要在电池过压后才开始分流，当电压比平均电压高时就开始分流平衡。

2. 切断法

切断法是指在充电时，当某一电池的充电电压超过设定值时，通过自动控制开关切断该电池的电路，同时闭合旁路开关，使电流绕过这块电池，继续向下一块电池充电。切断法开关个数是电池的2倍。切断法需要充电器配合，要求充电器具有动态适应1个电芯到全部电芯充电的能力，且在切换电池后要能够动态地调整充电电压和充电电流，实现恒流、恒压充电和浮充等，对充电器的要求比较高。

3. 并联法

并联法就是把电池按先并后串的连接方式使用，这也是一些电池生产厂家和电池的使用者企图利用一些小容量电池组成大容量、高电压电池组所采用的方法。电池并联后，无法测量各单体电池的电压，因而就无法实施对电池组中各单体电池的监控。可见，用并联法是无法实现电池组电池的均衡效果的。

六、电池管理系统的故障诊断

故障诊断功能是电池管理系统的重要组成部分，主要是在动力电池组工作过程中实时掌握电池的各种状态，甚至在停机状态下也能诊断动力电池系统的各个部分（包括电池模块）。

故障级别分为一般故障、警告故障和严重故障。

电池管理系统根据故障的级别将电池状态归纳成尽快维修、立即维修和电池寿命警告等信息传递到仪表板以警示驾驶者，从而保护电池不被过分使用。

1. 起动过程的电池管理系统硬件故障诊断

（1）传感器信号的合理性诊断。
（2）电池组电压信号的合理性诊断。
（3）起动过程电流信号的合理性诊断。
（4）起动过程温度信号的合理性诊断。

2. 行车过程的电池管理系统诊断

（1）对电压、电流和温度传感器进行诊断。
（2）电池组电压一致性故障诊断。
（3）电池组充电过程的过流、过充、充电电压变化率过大的故障诊断。
（4）电池组放电过程的过流、过放、放电电压变化率过大的故障诊断。
（5）通信系统故障诊断。
（6）鼓风机故障诊断。
（7）高压电控制故障诊断。

3. 故障诊断的处理

（1）分3种不同级别进行（报警、故障与危险）。
（2）通过CAN总线送至仪表和汽车管理系统。
（3）故障诊断结果参与电池实际工作电流的控制。
（4）进行高压上下电控制。

第三节　电池管理系统的控制

一、电池电量显示控制

电池电量显示控制过程如图3-3所示，具体步骤如下。

步骤1：电池管理系统通过电池组的总电压和动态电流的时间积分算出电池电量百分数，电池电量信息经车身电气系统总线（B总线）转发给仪表控制器（ICU）。步骤1.1：仪表显示电池电量百分数。

步骤2：检查电池管理系统是否存有故障。若存在故障码，则点亮故障灯，信息经车身电气系统总线（B总线）转发给仪表控制器。步骤2.1：点亮整车故障灯或动力电池故障灯。

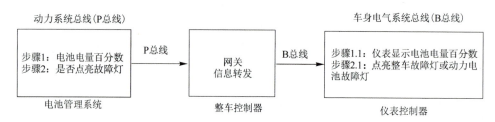

图 3-3　电池电量显示控制过程

二、充电电压控制

充电电压控制过程如图 3-4 所示，其具体步骤如下。

步骤 1：电池管理系统发送充电电压控制目标值。步骤 1.1：车载充电机控制器按充电电压控制目标值进行换流元件驱动。

步骤 2：电池电量达上限，执行无故障停止充电。步骤 2.1：停止换流元件驱动。

步骤 3：电池有故障停止充电。步骤 3.1：停止换流元件驱动。

步骤 4：检查电池管理系统是否存有故障码，若存有则点亮动力电池故障灯。步骤 4.1：整车控制器将点亮动力电池故障灯信息发送给仪表。步骤 4.2：仪表控制器点亮动力电池故障灯。

步骤 5：诊断充电机是否有故障，如果有，则发送点亮整车故障灯信息给整车控制器。步骤 5.1：整车控制器向仪表控制器发送点亮整车故障灯信息。步骤 5.2：点亮整车故障灯或动力电池故障灯。

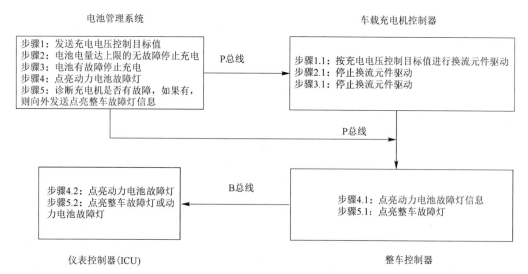

图 3-4　充电电压控制过程

第四章

高压配电箱原理与诊断

一辆 2014 年 5 月出厂的比亚迪 E6 纯电动汽车,出现了无法上电的故障,经诊断为上电预充失败。

如果你是接车的修理技术人员,应如何找出上述故障的原因?修理方案应如何制订?

(1) 能画出吉利纯电动汽车电池箱中继电器组的工作原理图。
(2) 能画出比亚迪 E6 纯电动汽车高压配电箱中继电器的工作原理图。

(1) 能在带电测量高压配电箱前进行正确的防护操作。
(2) 能带电测量高压配电箱,诊断高压配电箱中的配电故障。
(3) 能更换纯电动汽车高压配电箱中的继电器、保险丝或电流传感器。

第一节 吉利高压配电箱原理与诊断

一、吉利 EV300 高压网络

吉利 EV300 外部高压网络(2017 年款)如图 4-1 所示,其原理如下。

(1) 充电过程:交流供电桩为车载充电机供电,交流电经车载充电机变换为直流电为动力电池充电。

(2) 动力电池放电过程:动力电池的直流电给电动压缩机、PTC 加热器控制器、驱动电动机变频器供电。

微课 3 典型高压系统原理线路图

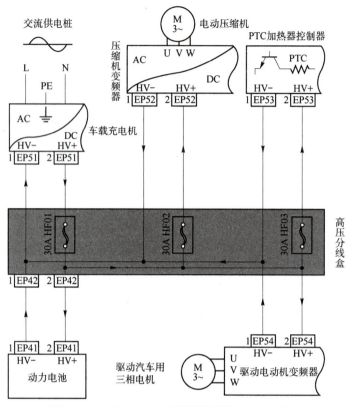

图 4-1 吉利 EV300 外部高压网络（2017 年款）

2017 款吉利 EV300 高压网络如图 4-2 所示。高压网络的主要元件包括位于高压配电箱内

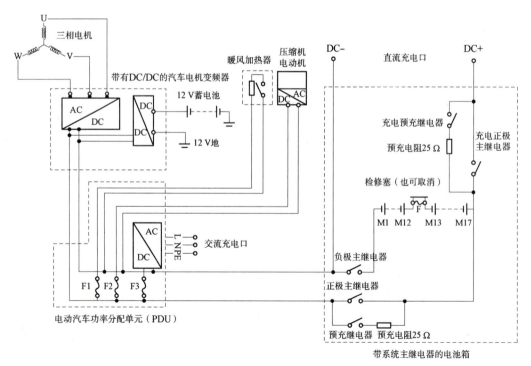

图 4-2 2017 款吉利 EV300 高压网络

的高压继电器组、带有高压分配保险和车载充电机的电动汽车电源分配单元和带有 12 V DC/DC 转换功能的电动汽车变频器。图中的交流充电口用于给车载充电机供电,实现慢速充电;直流充电口用于给动力电池快速充电。

带有 12 V DC/DC 转换功能的电动汽车变频器由 F1 保险丝供电,电功率大小分别由 DC/DC 转换器和变频器内的电子开关进行控制。

PTC 暖风和电池共用的加热器由 F2 保险丝供电,暖风功率大小由其内部的电子开关进行控制。

电动空调压缩机由 F3 保险丝供电,经压缩机内自带的变频器换流为三相交流给电机供电。

二、高压继电器触点监控

吉利 EV300 高压配电箱的结构示意如图 4-3 所示。

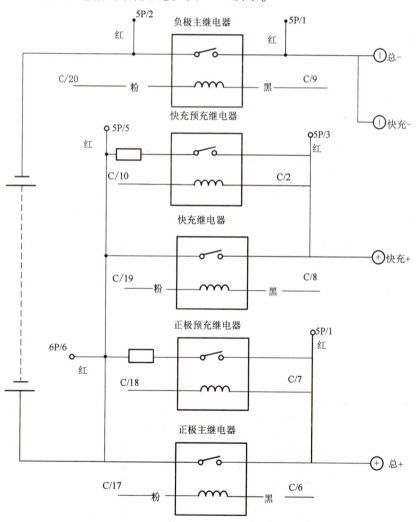

图 4-3 吉利 EV300 高压配电箱的结构示意(6P 和 SP 详查图 8-2)

主供电工作原理:踩下制动踏板,按下供电开关,可听见电池箱内继电器开关闭合的"咔嗒"声，此时为负极主继电器和正极预充继电器开关同时闭合工作，几十毫秒后，汽车变频器内的电容被正极预充继电器电阻充电完成。这时正极主继电器开关再闭合工作，正极预充继电器开关断开退出工作。注意：主供电电流方向是从左侧的锂离子电池到右侧的电子功率单元。

"快充+""快充-"外接带有保险丝和车载充电机的电子功率单元。快充电流是由右侧的电子功率单元向左侧的锂离子电池供电。由于动力电池本身也是一个大的电容，因此在充电时采用了负极主继电器和正极预充继电器，来防止在充电机开始工作时，充电机控制部分未进入电流控制时造成回路的电流过大。当充电电流被充电机控制后，快充继电器开关闭合工作，此时正极预充继电器退出工作。

当然，充电机控制若能在快充电时及时起作用，正极预充继电器是可以取消的。

在图4-3中，继电器线圈接电池管理系统的C端口，C/6代表C端口的第6引脚，其他类似。5P和6P是电池管理系统侧面的两个端口，分别为5PIN（针）和6PIN，5P/1代表5PIN插头的第1引脚，5PIN和6PIN插头外接电池管理系统，电池管理系统在通过C端口控制继电器时，通过5PIN和6PIN反馈监测继电器的响应。

电池管理系统ECU上部的6条红色包线管用于监测继电器开关，如图4-4所示。

电池箱的输入/输出接口部分如图4-5所示。"总+""总-"接电子功率控制单元PDU，"快充+""快充-"接快速充电口"DC+""DC-"。整车通信12PA和B主要外接整车控制器，接于继电器开关两端的继电器监测线束，如图4-6所示。

图4-4 电池管理系统ECU上部的6条红色包线管

图4-5 电池箱的输入/输出接口部分

图4-6 接于继电器开关两端的继电器监测线束

【技师指导】 为什么新款电动汽车取消了检修塞？

在早期生产的电动汽车中，为了检修时能实现安全下电设计了检修塞。2017年以后生产的多款电动汽车取消了检修塞，原因就是上电继电器组增加了继电器触点监测功能。

取消检修塞的优点是节省了一个检修塞，缺点是在上电继电器开关虚接焊在一起时只能报警，不能人为强行执行下电操作，不过正极和负极两端的两个同时虚接焊在一起可能性很小。在一个虚接报警时，另一个继电器仍能执行下电动作。

第二节 比亚迪 E6 高压配电箱原理与诊断

一、高压配电箱简介

高压配电箱的功能相当于 12 V 电系电路中保险丝和继电器盒的功能，一般位于后排座椅后边，如图 4-7 所示。高压配电箱保险丝如图 4-8 所示，高压配电箱内部结构如图 4-9 所示。

图 4-7 高压配电箱位置

图 4-8 高压配电箱保险丝

图 4-9 高压配电箱内部结构（继电器和保险丝）

高压配电箱的作用如下。

(1) 为电动汽车的驱动电动机变频器供电,变频器将高压直流电逆变为三相交流电。

(2) 为传统电器的高压化元件供电,分别如下。

①给空调制冷供电。配电箱为电动汽车的变频空调压缩机供电,经变频空调压缩机内的变频器逆变为交流电驱动变频空调压缩机的电动机。

②给空调制热供电。为电动汽车空调蒸发箱内的高压电加热元件供电,高压电加热元件为正温度系数(PTC)元件,随加热温度提高电阻增大,可以自动限制电流,防止过热。

③给DC/DC转换器供电。DC/DC转换器的功能是将电池箱电压降为14 V,为12 V铅酸电池供电。

充电继电器控制分如下两种。

(1) 直流充电口隔离。在不充电时,充电口隔离功能由充电口隔离继电器完成,防止人员意外接触直流充电口遭到电击伤害。

(2) 交流充电继电器控制。交流充电口的交流电经变频器内部的非独立式车载充电机整流和升压得到的直流电通过这个充电继电器给高压蓄电池充电。

二、高压上电流程

驾驶员操作供电开关和制动踏板开关给电源管理控制ECU(BCM内置有传统汽车电源管理控制ECU的功能)提供驾驶员意图的信号。由电源管理控制ECU控制IG2继电器工作,同时向电动机控制ECU发送起动信号,这时负极继电器开关可先闭合工作。

电动机控制ECU(变频器内的绿色电路板)收到报文后转发给电池管理ECU,电池管理ECU自检系统是否有漏电和馈电等故障。若没有故障则让预充继电器工作,给变频器内的电容充电,同时电动机控制ECU检测电容两端的充电电压,当电压接近蓄电池电压时,电动机控制ECU向电池管理系统发送预充满的信息,这时正极继电器开关闭合工作,然后预充继电器开关断开,退出工作。

高压配电箱上电完成后,一个光耦被触发给仪表信号,仪表点亮"OK"灯,向驾驶员提示上电完成。

1. 变频器供电过程

高压配电箱系统主继电器工作过程如图4-10所示。变频器供电过程如下:点火开关打开,负极主继电器通过电池管理系统内的晶体管VT3接地工作,或负极主继电器不受电池管理系统控制,如比亚迪E6在打开点火开关时继电器线圈直接接地。设计时保证负极主继电器先接通,当没有故障时,正极预充继电器在电池管理系统晶体管VT2的控制下工作,当变频器收到内部电容电压接近电池管理系统传来的动力电池总电压时,电池管理系统通过晶体管VT1控制正极继电器工作给变频器的逆变桥供电。正极预充继电器不工作。

【技师指导】高压配电箱的测量是要带电测量的,在测量预充继电器时,预充继电器只在按压供电开关到OK时,短时工作一下。

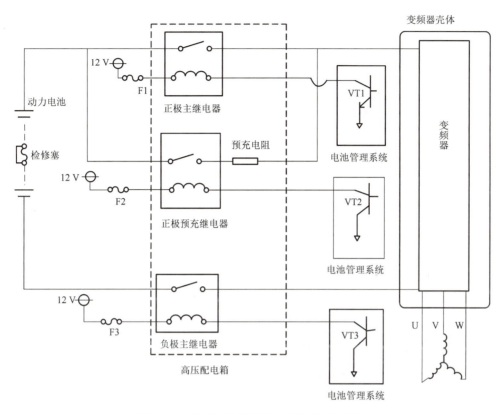

图 4-10 高压配电箱系统主继电器工作过程

2. DC/DC 供电过程

高压配电箱变频器 DC/DC 继电器电路如图 4-11 所示。当打开点火开关到仪表显示 OK 时,正极主继电器和负极主继电器工作。

DC/DC 预充继电器开始工作,当 DC/DC 转换器检测到电压接近电池总电压时,即电池管理系统得知 DC/DC 电容充电完成后,通过 VT2 接通 DC/DC 供电继电器,然后 DC/DC 预充继电器退出工作。

DC/DC1 和 DC/DC2 在整车控制器的控制下开始转换,输出 14 V 电压给蓄电池充电。电流从蓄电池负极经 DC/DC 转换器壳体分别回到 DC/DC1 和 DC/DC2。

【技师指导】高压配电箱是要带电测量的,在测量 DC/DC 预充继电器时,DC/DC 预充继电器只在按压供电开关到 OK 时,短时工作一下。

3. 空调供电继电器工作过程

高压配电箱空调供电系统如图 4-12 所示。当打开点火开关到仪表显示 OK 时,正极主继电器和负极主继电器工作,这时要注意到空调预充继电器线圈负极通过晶体管 VT3 接地。

当空调面板内的开关接通时,预充继电器开始工作,当带有 PTC 加热器控制器或压缩机供电检测到电压接近电池总电压时,电池管理系统通过晶体管 VT2 接通空调继电器。晶体管 VT4 可以根据暖风设定温度和鼓风机转速确定开关的占空比。电动空调压缩机的供电和 PTC 加热器可共用保险丝,也可分别设计一个保险丝。

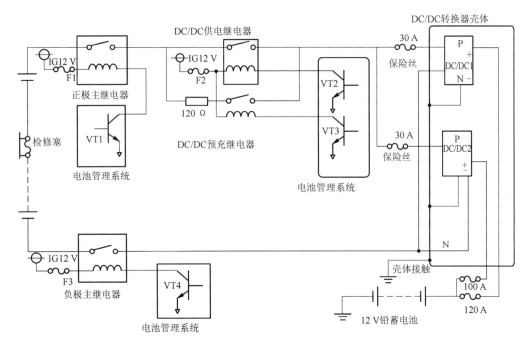

图 4-11 高压配电箱变频器 DC/DC 继电器电路

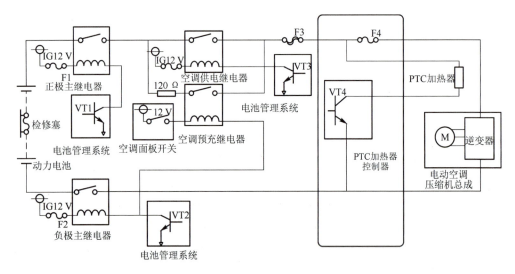

图 4-12 高压配电箱空调供电系统

4. 交流充电工作过程

交流充电工作过程如图 4-13 所示。当交流充电时,变频器内的车载充电机将交流电变直流电,并经过降压到动力电池的充电电压水平,电池管理系统控制蓄电池负极主继电器和交流充电隔离继电器给动力电池充电。

当汽车正常行驶时,蓄电池负极主继电器工作,但交流充电隔离继电器不工作。

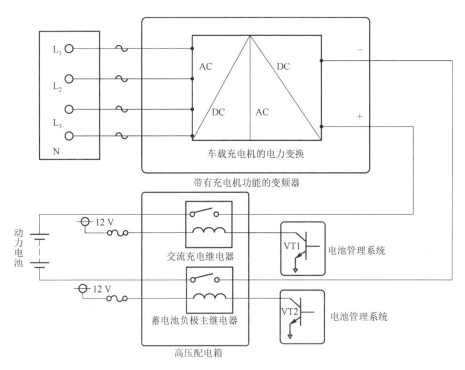

图 4-13 交流充电工作过程

5. 直流充电工作过程

直流安全隔离继电器如图 4-14 所示。当直流充电时，为防止直流充电口在不充电时意外的人员接触造成电击，设置了直流安全隔离继电器。

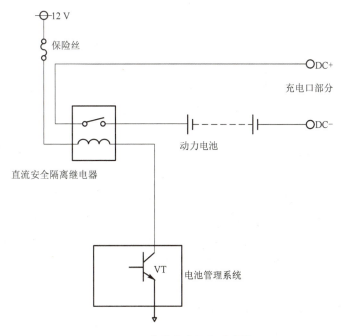

图 4-14 直流安全隔离继电器

6. 高压配电箱电流的检测

在高压配电箱内置有霍尔电流传感器，传感器采用 +15 V 和 -15 V 两个供电线，一个信号线，信号经过电池管理系统的一个采样电阻接地。电流可由 +15 V 经过采样电阻接地形成回路，电流也可从接地出发经过采样电阻到 -15 V 形成回路。在传感器线外包有屏蔽线，屏蔽线与外部接地相连。

【技师指导】通过诊断仪读出霍尔电流传感器检测到的电流值是判别电流传感器正常与否的一个好方法。例如，当车辆原地不动时，电流有个确定值，打开大灯和鼓风机后 DC/DC 转换成 12 V，电流需要增加，低压负载增加的功率和高压功率口算值基本是相等的。若相差太大，可能是霍尔电流传感器有故障。

第三节　高压配电箱诊断总结

一、带电测量高压配电箱

电动汽车的高压被一部分人过分强调，以至于给人造成的心理压力远超过其实际的危险性。这里要说明的是，电动汽车要比日常生活中插电饭锅插头或插电脑供电线安全得多，何况这两种情况在日常生活中的频率非常高，而在电动汽车上高压作业的情况非常少，带电高压作业测量就更少了。

【技师指导】不是说电动汽车不具有危险性，而是要大家正确看待危险水平。

需要强调的是，在高压配电箱上进行高压带电测量作业具有危险性，一定要按安全操作规程，即两人中一人操作，一人看护，看护人要提醒错误操作，并准备意外事故的处理工作。

电动汽车为什么要带电测量高压配电箱？高压配电箱相当于传统汽车的保险丝和继电器盒，而传统电路的测量在保险丝和继电器盒上带电测量。同样，在高压配电箱内部有上电继电器组、高压直流保险丝和电流传感器等，高压网络上的元件供电都可通过高压配电箱测量，这种测量在带电测量时才更有效，因为带电测量不仅能测量元件，也能测量线束。

举个简单的例子：系统检测到上电预充时间过长，即预充继电器给电容充电时间过长，其原因是电容漏电，还是电池电压测量不准，就可以用示波器测量预充继电器工作给电容充电到供电主继电器闭合的时间间隔来确定。这种故障用万用表电阻挡测量是做不到的。高压保险丝的测量也使带电测量更方便，并且结果更准确。

二、高压配电箱组装注意要点

（1）开盖后的高压配电箱要防止铁屑、尘土和水汽等异物侵入，所以开盖前应清理好工作现场。

（2）绝对禁止带电测量时工具掉落到高压配电箱内，否则将形成极严重的短路。

（3）绝对禁止无高压防护的人员在高压配电箱上带电测量。

（4）绝对禁止无汽车高压产品培训合格资格的人员在高压配电箱上带电测量。

（5）如有拆卸作业，一定要在拆卸前进行拍照。注意：要拍到关键易错的点，也可用漆笔先做记号。

（6）工作人员要有边工作边思考的思维模式，不可大量地随意拆卸，要有目的小范围地拆卸。

（7）工作人员要有原位安装的意识，不可随意调换似乎相同的元件。

（8）严格按照厂家要求校准力矩，并用漆笔做记号，防止因螺栓未拧到位，导致力矩不足而产生接触电阻。

（9）一定要防止某个螺栓的力矩过大造成接线柱和元件内部断开或形成新的接触电阻。

（10）能通过闻、看、听等方法初步观察配电箱的内部情况，形成一个初步判断。

三、高压注意

由于是在动力电池供电网络带电的情况下进行测量，因此一定要做好安全防护。

护目镜（应急时也可用眼镜替代）可有效防止电火花飞溅伤到眼角膜，绝缘手套可在意外出现手与供电网络不同极性的两部分金属同时连通构成回路时进行防护，这种伤害是极大的，一定要避免。护目镜和绝缘手套分别如图 4-15 和图 4-16 所示。

图 4-15　护目镜

图 4-16　绝缘手套

四、低压参考点的选取

在低压 12 V 铅酸电池的网络上，通常取蓄电池负极或车身作为测量的参考点，如图 4-17 和图 4-18 所示。

图 4-17 以蓄电池负极为参考点

图 4-18 以车身金属为参考点

在动力蓄电池供电的网络上，通常取动力蓄电池负极作为测量的参考点，如图 4-19 所示。注意：动力电池供电的网络不再以车身作为参考点。图 4-20 为以车身金属为参考点时测得的是绝缘检测用电压，与动力电池的直流供电网络没有实际关系。

图 4-19 以动力蓄电池负极为参考点

图 4-20 以车身金属为参考点时测得的是绝缘检测用电压

五、高压直流保险丝测量

万用表黑表笔与动力电池的负极相接触，万用表红表笔与保险丝的一端接触，读出动力电池电压，如图 4-21 所示；万用表红表笔与保险丝的另一端接触，如图 4-22 所示，读出动力电池电压。两次测量时都有动力电池电压则说明保险丝正常，如果一次有动力电池电压，另一次没有或数值不等说明保险丝断开。

图 4-21 测量保险丝一端的电压

图 4-22 测量保险丝另一端的电压

如果保险丝断开，说明其下游有短路或过载，通常是下游负载元件的软关断失控，内部元件已经烧毁，这时应找到故障点，更换元件后再更换保险丝，不可直接更换保险丝。

六、高压直流继电器测量

将万用表分别与继电器的线圈供电插头接触，测得有 12 V 铅酸蓄电池电压时证明线圈有电流流过。再测量动力电池继电器的开关，这时取动力电池负极为参考点测继电器开关两端的电压是否是动力电池电压，若不相同或有很大差异则说明继电器损坏，需要更换，如图 4 – 23 和图 4 – 24 所示。

图 4 – 23　测量继电器一端的电压

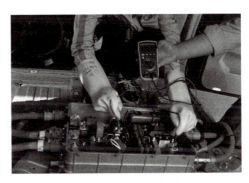

图 4 – 24　测量继电器另一端的电压

第五章

电动汽车安全管理

一辆2014年5月出厂的比亚迪E6纯电动汽车,在检查高压配电箱时发现,当高压正极与高压配电箱金属壳短路时,仪表竟然没有绝缘报警,这种情况说明该车存在严重的安全隐患。

如果你是接车的修理技术人员,应如何找出上述故障的原因?修理方案应如何制订?

(1) 能说出三相交流变压器埋地的原因。
(2) 能说出电动汽车接地保护原理。
(3) 能说出电动汽车失火施救方法。
(4) 能说出电动汽车高压安全防护设计有哪些。

(1) 能带电测量三相交流电,解决简单缺相故障及接地故障。
(2) 能带电测量单相交流电,解决供电故障及接地故障。
(3) 能解决电动汽车交流电接地保护不良故障。

第一节 汽车交流充电安全

一、变压器中性点埋地

火力发电厂发出的50 Hz三相交流电经过升压变压器升压为22 kV,再经过降压变压器降压为380 V,形成三相50 Hz交流电,三条火线L_1、L_2、L_3的线间电压为380 V,中性点接出零线N。L和N间为50 Hz、220 V的单相交流电。为了避免雷击损坏变压器和用电器,需要将变压器的中性点接地。低压供电系统简化示意如图5-1所示。

【技师指导】如果没有雷击变压器的问题，那么变压器的中性点就不用接地，那么人站在地上触到火线也不会被电击了。

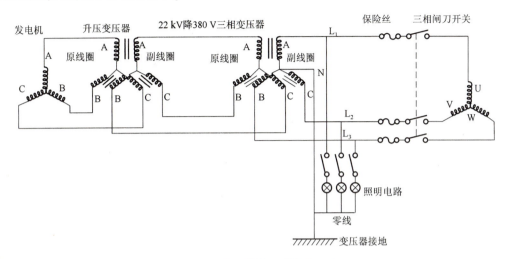

图 5-1　低压供电系统简化示意

二、用电器不漏电的交流电流路径

为了防止雷击三相交流变压器的低压侧，采用了中性点接地措施，如图 5-2 所示，其优点是可防止雷击，缺点是增加了人触电的可能性。

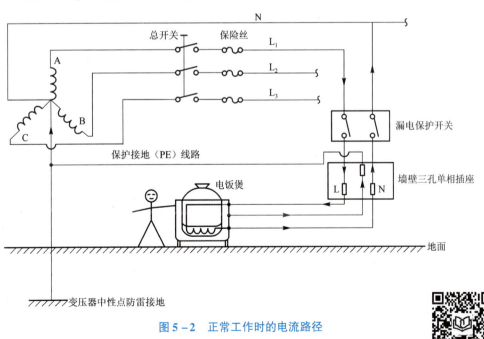

图 5-2　正常工作时的电流路径

微课 5　接地保护电路结构

三、有保护接地漏电的交流电流路径

有保护接地漏电的交流电流路径如图 5-3 所示。如果用电器壳体漏电,则电流可经由第三根地线经 PE 后通过保险盒内的接地螺丝将电流导入住宅的等电位点,不会造成触电危险。

在城市建筑中,诸如电饭煲、冰箱和洗衣机等,在用电器工作时要防止壳体(图 5-3 中用电器的虚线框)漏电对壳体造成电击,所以在壳体上接保护接地线用于保护接地。保护接地即为将用电器壳体和用电器的零线相连,零线和大地等电位,由于人总是站在大地上,大地和用电器壳体等电位,所以不会造成触电。加之空气开关中的漏电保护功能在漏电时的自动断开开关的功能,使城市的用电保护要比农村安全和方便得多。

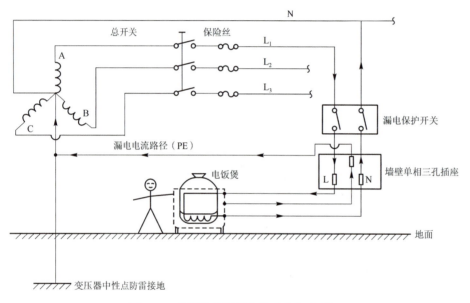

图 5-3 有保护接地漏电的交流电流路径

微课 6 有保护接地漏电的交流电流路径

四、无保护接地漏电的交流电流路径

在农村建筑中,由于没有地线回变压器中性点的保护措施,故用电器壳体漏电发生电击的情况较多。

1. 无保护接地,但有漏电保护开关

无保护接地,但有漏电保护开关的电流路径如图 5-4 所示。在有漏电保护开关的情况下,L 线向用电器壳体漏电,漏电保护器内的 L 线和 N 线电流不平衡会促成漏电保护器内开关断开,因此在用电器漏电时有保护作用。但若漏电保护器内开关允许的电流平衡差很大,导致存在漏电时开关不断开则有轻微电击的危险。

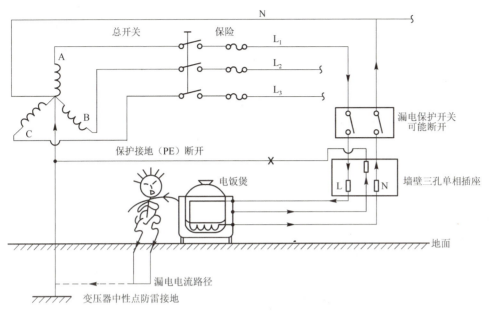

微课7 单相有漏电保护开关的电流路径

图 5-4 无保护接地,但有漏电保护开关的电流路径

2. 无保护接地,无漏电保护开关

无保护接地,无漏电保护开关的电流路径如图 5-5 所示。在广大农村无保护接地和无漏电保护开关情况下,当用电器壳体漏电时,漏电电流全部通过人体,有严重电击的危险。

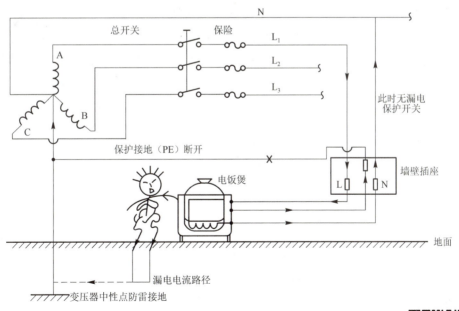

图 5-5 无保护接地,无漏电保护开关的电流路径

微课8 单相无漏电保护的电流路径

五、车载充电机的接地保护

1. 正常充电时的交流电流路径

保护接地正常时的交流充电如图5-6所示。汽车上的车载充电机壳体通过充电口和外界的L、N、PE连接,因为有PE接地保护,所以充电过程中是安全的。

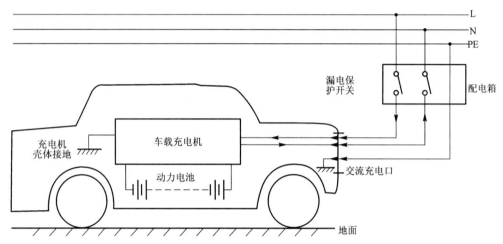

图5-6 保护接地正常时的交流充电

微课9 接地保护在车上的作用

2. 有保护接地,车载充电机漏电时的交流电流路径

有保护接地,车载充电机漏电时的交流电流路径如图5-7所示。当PE接地正常时,这时L线恰好与充电机壳体相通,即使人接触汽车壳体金属也不会有电击的危险。一是漏电路径已与接地线形成回路,二是漏电电流大到一定程度时漏电保护开关会起作用。

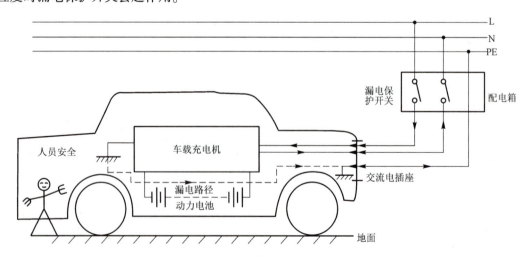

图5-7 有保护接地,车载充电机漏电时的交流电流路径

3. 保护接地意外断开，车载充电机漏电时的交流电流路径

保护接地意外断开，车载充电机漏电时的交流电流路径如图 5-8 所示。当 PE 接地出现故障（如断开）时，L 线恰好与充电机壳体相通，一旦人接触汽车壳体金属就会有电击的危险，漏电电流会流经人体经附近变压器的接地点回到中性点。

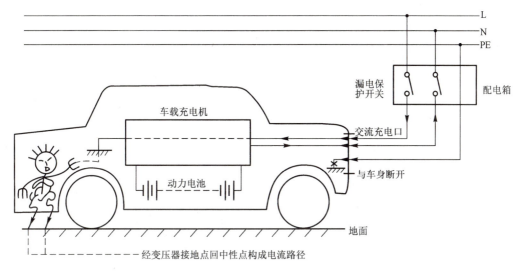

图 5-8　保护接地意外断开后，车载充电机漏电时的交流电流路径

六、接地的双检测

双头充电枪口接地线 PE 的一端要与供电装置的接地相连，另一端要与汽车上的车身相连，两端都需要接地检测。

因此，交流充电桩要检查供电装置上的 PE 接地是否良好，同时要检查车上的电池管理系统与车身接地连接是否良好。若 PE 的接地出现不良情况，供电桩内的接触器（交流继电器）开关会断开。

第二节　电池失火和爆炸的处理

一、电池失火和爆炸的危险性

在电池失火和爆炸的情况下，人若受困于车内，如打不开车门或车主失去意识将十分危险。例如，受困人员将吸入电池失火产生的烟气，导致中毒。若电池爆炸还有再次加重车主失去意识的危险，从而使其无法自救，任凭车辆燃烧和爆炸。

【技师指导】正确理解电池失火和爆炸的危险性。

电动汽车较大批量销售是在 2012 年左右，至 2017 年全国电动汽车数量超过 170 万辆，在电动汽车作业中因电击致伤和致死尚无一例，电池失火和爆炸导致车辆损失的例子较多，车主死亡情况较少。据公开的资料及相关报道统计，2017 年上半年国内共发生电动汽车起火事故 9 起，涉及车辆总数却高达 98 辆。其中，国外高档电动汽车车型起火事故 1 起，涉及车辆 1 辆，与上一年同期持平。从起火原因来看，因充电导致的起火事故共 3 起，占比 38%，成为起火事故的第一诱因；其次是碰撞和自燃各 2 起，各占 25%。在使用状态中起火 4 起，占比 50%；其次是充电状态中起火 3 起，占比 37.5%；最后是静置状态，共发生 1 起起火事故，但涉及的车辆数却是最多的。由此可以看出，从电动汽车的充电、使用到静置等多个环节均有起火事故的发生，安全问题已渗入电动汽车的各个环节，必须引起足够的重视，另一方面更强调没有证据说明电动汽车比燃油汽车要危险。

2018 年 5 月 15 日一辆特斯拉在瑞士南部高速路上行驶时，撞上了中央隔离带，锂电池受到猛烈撞击后起火，致使驾驶员当场死亡，如图 5-9 所示。

图 5-9　特斯拉锂电池受到猛烈撞击后起火

二、电池失火和爆炸的处理

1. 充电过程中失火的处理

电动汽车在充电过程中失火，应及时断开汽车的交流充电连接，再用大量的水结合灭火器灭火，或用水基灭火器灭火。

警告： 不可在未断开汽车交流充电连接的情况下用水或水基灭火器灭火，否则可能发生来自交流电的电击。

2. 行驶中或停车中失火的处理

当电动汽车在行驶中或停车中失火时，车主应及时离开车辆，防止爆炸发生，危及生命，无法自救。消防员也应保持一定距离，直接用大量的水结合灭火器灭火，或用水基灭火器灭火。

第三节 过防护及错误的行业操作纠正

一、不同领域电压等级在汽车上的乱用

错误体现在因张冠李戴造成的不同领域电压等级在电动汽车领域的乱用,以及将工业高压网络和工业低压网络的一些错误防护使用在电动汽车领域,出现了大量打着电动汽车高级技术培训的幌子在传播防护过当的操作。

【技师指导】由于我国劳动部门对电动汽车的职业资格仍未建立,现在的职业资格是以低压电工操作证作为职业上岗资格。现在发现很多学校进行电动汽车的安全防护是按工业/民用电进行防护的,很多照搬是错误的。

二、行业操作错误

1. 按照交流电无保护接地环境放置绝缘垫

在对没有保护接地(农村家用供电多为这种情况)的交流低压(220 V/380 V)用电器进行带电操作时需要放绝缘垫,防止雷击变压器副线圈中性点埋地,造成人站在地面上触及火线发生触电。在农村的用电器没有保护接地的情况下,可采用放绝缘垫后带电操作。事实上,在农村用的交流用电器也没有放置绝缘垫操作的习惯,这确实有一定的危险,但在汽车上,一不是交流电,二也不是无保护接地环境。

【技师指导】由于电动汽车蓄电池母线正极或负极与车身都不共地,可知低压电工(220 V/380 V)带电操作中脚下放置绝缘垫的操作不适用于电动汽车,明显是一种张冠李戴的做法。

那么穿绝缘鞋是否有绝缘效果呢?显然也没有效果。但在给电动汽车进行交流充电时有保护作用,也就是当交流供电的保护接地有断开的情况时,但也属防护过当。

试想驾驶员若每次给电动汽车充电都要穿绝缘鞋,那么电动汽车是卖不出去的。电动汽车的充电危险程度和给一个电饭煲供电一样,我们能习惯电饭煲供电,为什么不能习惯电动汽车充电?

2. 按照高压交流电环境,错误使用防护工具的过防护

只有在电动汽车的高压元件裸露电源正极或负极铜导线,人员可能直接接触电源正极或负极铜导线的情况下才需要佩戴1 000 V级别直流绝缘手套、护目眼镜、绝缘鞋和绝缘工具,并且要保持它们处于随时可用的状态。交流防护装备是在低压(220 V/380 V)带电操作时使用的,而低压(220 V/380 V)电气的连接是明显裸露的,戴绝缘手套也有空间操作。

电动汽车电池箱上的检修塞一旦取出,电池箱以外的高压网络(在电动汽车上称为高

压是相对 12 V 电系而言的，与工厂用电相比仍然是低压范围）处于下电状态，因此不必戴绝缘手套操作，但操作前仍要进行必要的验电操作。

【技师指导】电动汽车除非在检修塞无法取出的情况下，即电池箱内上电继电器无法下电时，或者要带电测量高压配电箱内的直流保险丝以及上电继电器时，防护才是必要的。

3. 汽车充电过程的过防护

电动汽车可采用单相（车载单相交流/直流充电机）16 A 级别或三相交流（车载三相交流/直流充电机）32 A 级别的充电枪充电，充电枪上有保护接地，一旦有火线向用电器壳体漏电，则因火线和零线的电流不平衡而断开，因此不会有触电危险。

【技师指导】家中的电饭锅的壳体是接地保护电路，参考实际，不会有人在家中戴绝缘手套、穿绝缘鞋做饭。

三、高压系统操作资格

1. 高压意识培训

如果员工没有接受高压意识培训，则不允许在纯电动汽车或混合动力汽车的高压网络上执行操作。

如果员工在车辆上的"工作"仅限于操作或客户咨询，如启用冬季轮胎的限速或阐述驾驶室管理及数据系统，则不必进行高压意识培训。此外，只是简单驾驶车辆也没有必要进行高压意识培训，如洗车人员将车辆驶向洗车装置。

如果员工在车辆上执行操作、阐述或简单驾驶车辆之外的"工作"，则一定要进行高压意识培训。甚至开启发动机罩，如清洗发动机或添加车窗挡风玻璃清洗液，也要求进行高压意识培训。

接受过高压意识培训的非电工技术专业人员可以在高压系统外执行作业。

2. 高压资格

高压资格指由国家安监部门组织培训并进行考核通过后，拿到的低压电工操作证。这里有个似乎矛盾的地方，电动汽车上的电压称为高压，那为什么操作资格却是低压？这是由于电动汽车的电压等级在工业领域就是低压的，我们称电动汽车电压为高压只是为了区分直流 12V 的单线制低压电系。

3. 高压产品资格

高压产品资格是指在有高压资格的基础上，在从事相关高压产品时也经过相应高压产品的培训。例如，在电动汽车领域有了低压电工操作证，还要系统学习电动汽车的电池、电动机、变频器等相关高压产品的结构和原理。

有高压资格（取得低压电工操作证），并经过高压产品培训的汽车技师、电气技师、机械电子工程师可以在高压系统上执行作业。不具备"高压资格"和"高压产品资格"的人员不得在高压网络上作业，不遵守相关注意事项会导致严重后果。

经过高压操作和高压产品知识培训后，使用和维修电动汽车高压系统还是很容易的。

第四节　高压安全设计措施

通过主动设计防护实现安全的技术称为主动安全技术，以主动避开或远离高压危险点为目的的技术称为被动安全技术。电动汽车的高压安全措施是十分周密的，其主动技术和被动技术总结起来有以下 9 项。

一、被动安全技术

1. 橙色电缆线

为了减少与高压电（在电动汽车领域指 60 V 以上）的直接接触，高压部件上的高压线路采用橙色作为警示，同时还会在高压器件附近附上警示性通知。

2. 防接触保护

高压导线，特别是壳体穿孔部位采用多层（三层）绝缘，防止穿孔部位意外裸露，造成直接或间接接触高压带电产品。

二、主动安全技术

1. 高压网络不共车身地

高压电采用正极和负极与车辆车身金属间不共地，绝缘检测，如图 5-10 所示，即负母线对车身和正母线对车身的绝缘检测。当发生绝缘电阻下降故障时，高压上电继电器下电，并在仪表出现系统故障指示。

要提出的是，当正或负直流母线与车身意外相连时，若绝缘检测失效，将存在严重的高压电击隐患，一旦人员在车上接触了高压电的负极或正极将造成严重电击损伤或死亡。

2. 高压对地绝缘检测

若高压产品漏电，如当 DC/DC 壳体漏电时，可以通过高压电池箱内的绝缘检测电路检测到，如图 5-10 所示。同理，逆变器（DC/AC）若漏电，则通过逆变器壳体的接地，绝缘检测电路也可以检测到。

3. 高压互锁

当高压产品的电缆脱开时，会形成触电和母线短路隐患。为此，对整个高压系统设置一个导通环，当高压元件从线束上脱开时会造成"U 形"导通环传送的信号中断，控制系统控制电池箱内的高压上电继电器断开；同时，逆变器内的电容器通过电阻自行放电。

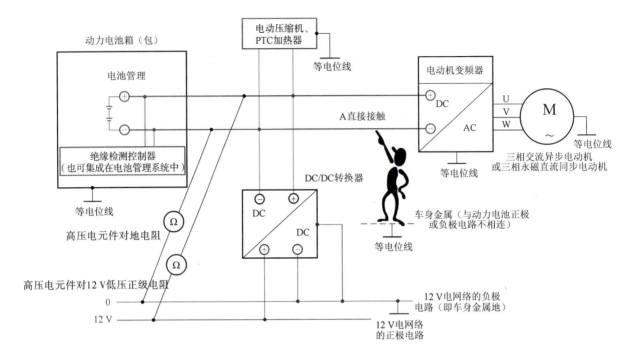

图 5-10　高压网络不共车身地与高压对地绝缘检测

微课 10　电动汽车主要安全措施

4. 电缆外加金属网

在电动汽车的正或负电缆外部加有金属网，金属网外部再加绝缘层。金属网与高压元件壳体相连，相当于与车身相连。正或负电缆裸露时先与金属网接触，这时绝缘检测启动断开高压。这种设计使漏电点发生在外部绝缘层内部，提高了安全性。

5. 高压接通锁或检修塞

当工作人员在诊断辅助系统时，如断开空调压缩机的供电线，高压上电继电器会断开以确保电池箱停止对外高压输出，但还要防止高压系统通过"点火开关开启"重新接通。因此，借助高压接通锁，如图 5-11 所示，再次断开对外输出，这样又对高压系统加了一道防止接通的保险。

操作高压接通锁进入断开状态，就相当于设计检修塞的车拆下了检修塞。

6. 在碰撞时切断高压系统

通过来自安全气囊的碰撞识别触发断开电池箱内的上电继电器，并停止发电机发电模式，将母线电容器自动放电至允许的电压极限以下。

7. 高压产品的电隔离

12 V 降压 DC/DC 转换器的初级线圈和次级线圈间采用隔离变压器，防止出现高压窜入低压的情况。

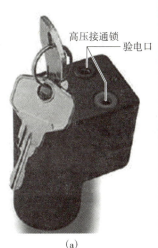 

(a) (b)

图 5 – 11　奔驰高压接通锁

(a) 高压接通锁实物；(b) 高压接通锁安装位置

第五节　绝缘电阻监测

电动汽车电池、变频器、电动机、车载充电机、DC/DC 转换器、电动空调压缩机和 PTC 暖风加热器等都会涉及高压电器绝缘问题。这些部件的工作条件比较恶劣，振动、酸碱气体的腐蚀、温度及湿度的变化都有可能造成动力电缆及其他绝缘材料迅速老化甚至绝缘破损，使设备绝缘强度大大降低，危及人身安全，所以有必要在出现绝缘头问题时及时对高压电网进行下电操作，保护人员安全。

【技师指导】GB/T 18384.1—2015 中规定了电动汽车动力电池电压超过交流 25 V 或直流 60 V 时必须检测动力电池的绝缘电阻，当绝缘电阻降低到标准以下时必须及时报警并采取必要的保护措施。

一、确定绝缘电阻的大小

电动汽车的绝缘状况以直流正负母线对地的绝缘电阻来衡量。电动汽车的国际标准规定：绝缘电阻值除以电动汽车直流系统标称电压 U，其结果应大于等于 100 Ω/V，才符合安全要求，即

$$\frac{绝缘电阻值}{直流系统标称电压} \geq 100 \ \Omega/V \tag{5-1}$$

标准中推荐的牵引蓄电池绝缘电阻测量方法适用于静态测试，而不满足实时监测的要求。

【技师指导】 GB/T 18384.1—2015 中将动力电池绝缘电阻定义为"如果动力电池与地之间的某一点短路,最大(最坏情况下)的泄漏电流所对应的电阻"。绝缘电阻分为绝缘电阻无限大、绝缘电阻为零、绝缘电阻为某一值等 3 种情况。GB/T 18384.1—2015 中规定动力电池绝缘电阻最小值为 100 Ω/V(一级报警值),安全值为 100~500 Ω/V(二级报警值)。

100 Ω/V 意味着动力蓄电池的电压乘以 100 即最低的绝缘电阻下限。例如,动力电池电压为 366 V,则此时的最低绝缘电阻检测值为 36 600 Ω,低于此值就非常不安全了。

设计上通常按小于 500 Ω/V 的绝缘监测为第二个报警等级(存在绝缘下降,但无生命危险),小于 100 Ω/V 的绝缘监测为第一个报警等级(此时的绝缘可能下降到人体的危险值,可能会有生命危险)。

二、绝缘电阻检测方法

对电动汽车绝缘电阻的检测方法有两种,一是采用外接电阻切换测量的方法,二是采用高压脉冲信号注入的方法。由于外接电阻切换测量法有缺陷,因此实车上普遍采用高压脉冲信号注入法。

1. 外接电阻切换测量法检测绝缘电阻

通过测量电动汽车直流母线与电底盘之间的电压,计算得到系统的绝缘电阻值。假设电动汽车的直流系统电压(即车载动力电池总电压)为 U,待测的正、负母线与电底盘之间的绝缘电阻分别为 R_x、R_y,为将计算的电阻值。正、负母线与电底盘之间的电压分别为 U_x、U_y,则待测直流系统的等效模型如图 5-12 中的虚线框内所示。

微课 11 绝缘电阻测量原理

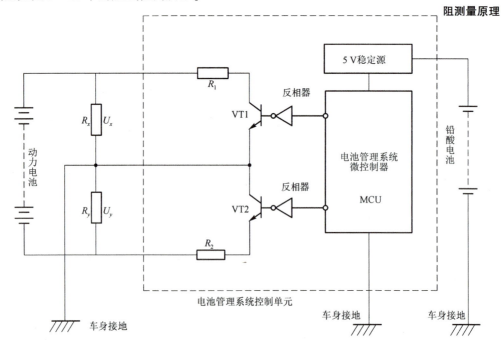

图 5-12 电动汽车绝缘电阻测量原理

图 5 - 12 中，R_1、R_2 为测量用的已知阻值的标准电阻。工作原理如下：当电子开关 VT1、VT2 全部断开时，测量正、负母线与电底盘之间的电压分别为 U_x 和 U_y，为已知可测量。由电路定律可以得到式（5 - 2）。当电子开关 VT1 闭合、VT2 断开时，则在正母线与电底盘之间加入标准偏置电阻 R_1，测量正、负母线与电底盘之间的电压分别为 U_x、U_y，同样可以得到式（5 - 3），两方程在绝缘检测软件中联立方程组。

$$\frac{U_x}{R_x} = \frac{U_y}{R_y} \tag{5-2}$$

$$\frac{U_x}{R_x} + \frac{U_x}{R_1} = \frac{U_y}{R_y} \tag{5-3}$$

绝缘检测软件通过式（5 - 2）和式（5 - 3）解出正、负母线与电底盘之间的绝缘电阻分别为 R_x 和 R_y。注意：式（5 - 2）中的 U_x 和 U_y 与式（5 - 3）中的 U_x 和 U_y 数值是可测量的，但不是相等的。

同样，绝缘电阻在以下两种情况也可以得到：VT1、VT2 全部断开和 VT1 断开、VT2 闭合；VT1 闭合、VT2 断开和 VT1 断开、VT2 闭合。由上述计算公式可知，绝缘电阻 R_x、R_y 的具体数值由 4 个测量电压值和已知标准电阻计算得到，最终结果的精度与电压测量和标准电阻的精度直接相关。另外，开关动作前后，电池电压随汽车加、减速的变化对结果的影响也应分析。电动汽车的绝缘电阻一般来讲是缓变参数，而测量过程很快，因此可以认为测量过程中实际待测绝缘电阻阻值保持不变。

绝缘电阻监测模块主要包括如下几方面功能：正、负母线对底盘的电压 U_x 和 U_y 测量，标准偏置电阻 R_1 或 R_2 的介入控制，绝缘电阻 R_x 和 R_y 的计算和判断、报警方式等。

2. 高压脉冲信号注入法检测绝缘电阻

在直流母线正负极和车辆底盘之间接入电阻，通过电子开关或高压继电器接通电阻和车辆底盘，然后测量这些电阻上的电压或电流，再计算得到绝缘电阻的大小。这些方法或多或少都存在工作不可靠、不能响应动力电池内部对地短路故障、不能测量正负对称故障、无法精确测量正负母线双端对称接地时的绝缘电阻和系统泄漏电容增大时测量参数偏差大等问题。

向高压回路注入一个可变电流信号，通过检测接收回路上的电流变化值来检测系统当前的绝缘电阻值，可彻底解决电池内部对地短接或正负对称接地时无法测量的问题；且不受系统泄漏电容的影响，同时无须改变检测电路中硬件参数值就可在全电压（DC 0 ~ 800 V）范围内检测系统的绝缘电阻。

信号注入的方法是指对电动汽车的电池系统注入一定频率的直流电压信号，通过测量反馈的直流信号计算绝缘电阻。这种信号对整个电池系统会产生纹波干扰，影响系统的正常工作。而现有的外接电阻切换的绝缘电阻测量方法检测精度较低，同时因长时间接入测量电阻，所以降低了系统的绝缘性能，增加了电池功耗。

车辆绝缘检测电路的工作原理如图 5 - 13 所示，检测回路由动力电池系统、高压正负极回路串联电阻 R_i、信号源、测量电阻 R_m、汽车底盘、回路漏电电阻 R_f 组成。信号源是一个电流源信号，它通过高压正负极回路串联电阻向动力电池系统注入一个低频的电流信号。该信号通过高压正负极回路串

微课 12　绝缘检测原理

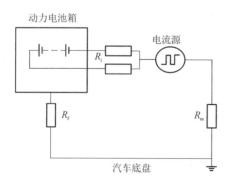

联电阻、动力电池组、回路漏电电阻、车辆底盘、测量电阻形成一个信号回路。在电流信号注入时，测量电阻上的电流为

$$I_{R_m} = \frac{U_{R_m}}{R_m} \tag{5-4}$$

在测量回路中，来自电动汽车电池管理系统（BMS）的高压脉冲信号源的注入电压分别加载到回路的各个电阻上，其总电压为各回路电压之和，即

$$U_x = U_{R_i} + U_{R_f} + U_{R_m} \tag{5-5}$$

由于测量回路的电阻 R_i 及 R_m 是已知的，由此可以计算出 U_{R_i} 及 U_{R_m}，则回路漏电电阻上所加的电压值 U_{R_f} 为

$$U_{R_f} = U_x + U_{R_i} - U_{R_m} \tag{5-6}$$

由式（5-4）和式（5-6）可得最终的漏电电阻值为

$$R_f = \frac{U_{R_f}}{I_{R_m}} \tag{5-7}$$

图 5-13 车辆绝缘检测电路的工作原理

微处理器通过对注入信号的改变及电压信号的变化进行运算、分析，最终计算出本系统的漏电电阻。在直流高压系统单端对地漏电或正负对称漏电时，由于回路的串并联电阻发生变化，通过对注入信号的极性判断及采样点的电压变化值与参考电压的变化差，判断其故障点所在。

三、高压产品壳体共地

动力电池箱、变频器和电动机等高压产品壳体共同接地示意图如图 5-14 所示，这样电池管理系统的车身接地线中绝缘电阻 R_x 和 R_y 中间点（见图 5-12）与车身之间的车身接地线就可与高压产品构成实际的检测回路。

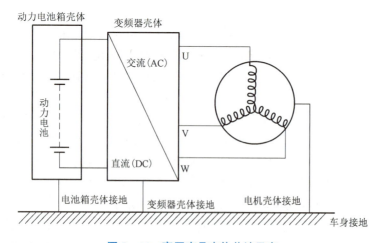

图 5-14 高压产品壳体共地示意

微课 13 高压产品等电位线

【技师指导】等电位点测量的目的。在高压电动汽车培训中，有一项称为等电位点测量

的培训,其作用就是要测量各高压用电器的外壳体与车身之间的电阻是否为零。若此电阻过大,绝缘检测可能会失效,必须找到导致高压用电器的外壳体与车身之间电阻过大的原因,并将其排除,再次测量高压用电器的外壳体与车身之间的电阻为0。

四、绝缘电阻动态监测

一般来讲,电动汽车的标称电压在90~750 V,实际偏置电阻因电压不同而不同,运行过程中电池电压存在一定范围的波动,并且待测绝缘电阻也有一定的变化范围。因此,监测系统的电压测量电路必须保证在全范围内实现等精度测量,而且正、负母线对地电压的测量必须同时完成。

【技师指导】通过电池管理系统数据流如何判别动态绝缘电阻?

在高压电动汽车培训中,有一项称为动态绝缘电阻测量的培训,可以用绝缘电阻表进行,也可通过电池管理系统的数据流来判别。实车测试高压导线正或负极对车身金属的绝缘电阻的大小,并比较是用绝缘表方法用时少,还是用数据流方法用时少。

五、绝缘检测无法识别的情况

在高压电操作中,千万不要把自己串入正、负极之间构成导电回路,因为构成回路时绝缘检测是无法识别的,将会造成严重的触电事故。

第六节 高压绝缘报警的诊断方法

当电动汽车发生绝缘报警时,需要找到高压网络的哪个地方的哪个元件发生了绝缘问题。

一、绝缘电阻表

用绝缘表测量变频器的绝缘电阻如图5-15所示。电动汽车的绝缘测量原理是,利用机内电池作为电源,经DC/DC转换产生的直流高压由一个表笔经被测试品到达另一个笔,从而通过运算直接将被测的绝缘电阻值测出来。

图5-15 用绝缘表测量变频器的绝缘电阻

为达到能测量不同等级的绝缘产品的目的,绝缘电阻表内的两节直流干电池(3 V)升压为50 V、500 V、1 000 V等不同的直流脉冲电压以适应不同电压等级元件的绝缘检测要求。

【技师指导】电动汽车内部的绝缘检测原理，也是低压升到高压直流脉冲来检测车上的高压网络的。

二、高压线路绝缘检查原则

当进行高压网络绝缘检查时，通常先断开电池箱对外输出的高压导线，以电池箱内侧和外侧为分界点。先判断绝缘下降原因在电池箱内部还是在电池箱外部，如果在电池箱外部，可按高压元件本身漏电，然后是高压导线的顺序进行检查；如果在电池箱内部，可按电池箱防水能力下降、高压继电器、高压连接支撑处、电池管理系统检测电压的信号线（其内部为高压）、电池组本身漏电的顺序进行检查。

三、高压元件绝缘检查

1. 电池箱内绝缘检查

1）电池箱外部进行绝缘检测确认

在电池箱外部进行绝缘检测如图 5-16 所示其中（a）、（b）为断开电池箱对外输出的供电电缆，用绝缘电阻表 1 000 V 挡分别测量电池箱对外输出的供电电缆座内正、负两根电缆中的任意一根对车身地（电池箱外壳）的接地电阻，检测绝缘报警是否发生在电池箱内。

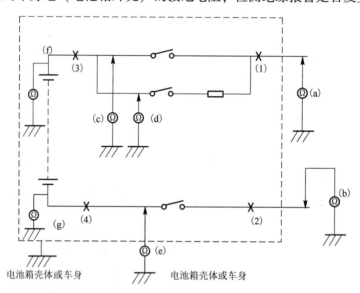

图 5-16　在电池箱外部进行绝缘检测
（图中（1），（2），（3），（4）为螺栓连接点）

2）电池箱内进行高压电缆分段绝缘检查

拆开电池箱，先排除不可能的高压电缆绝缘下降段，以免做无用的测量。对可能的电缆段用绝缘电阻表 1 000 V 挡分别测量对车身地（电池箱外壳）的接地电阻，电阻若低于正常值，则更换电缆。

3)高压继电器绝缘检查

图 5-16 中的(c)、(d)、(e)为拆开电池箱,断开高压继电器的高压导线,用绝缘电阻表 1 000 V 挡分别测量电池箱内正、负继电器输出端子对车身地(电池箱外壳)的接地电阻,电阻若低于正常值,则更换继电器。

4)电池组的绝缘检查

图 5-16 中的(f)、(g)为拆开电池箱,断开电池上的高压导线,用绝缘电阻表 1 000 V 挡分别测量电池箱内电池的正、负极输出端子对车身地(电池箱外壳)的接地电阻,电阻若低于正常值,再详细分解各组电池,再次测量对地的绝缘电阻,直到找到有故障的电池组。修理方式是更换电池组,也可更换电池箱总成。

2. 电池箱外绝缘电阻检查

1)变频器绝缘检测

变频器直流侧绝缘检测如图 5-17 所示,其中(a)、(b)测量点在断开直流输入侧电缆和断开三相交流输出侧电缆的变频器上,用绝缘电阻表 500 V 或 1 000 V 挡(修理手册中绝缘检测电压为 1 000 V 时)分别测量输入侧正、负极对车身地(变频器外壳)的接地电阻,电阻若低于正常值,则更换变频器。

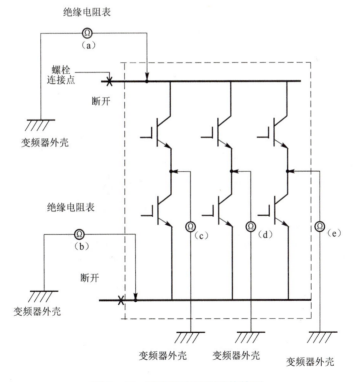

图 5-17 变频器直流侧绝缘检测

图 5-17 中的(c)、(d)、(e)测量点在断开直流输入侧电缆和断开三相交流输出侧电缆的变频器上,用绝缘电阻表 1 000 V 挡分别测量变频器输出侧 U、V、W 对车身地(变频器外壳)的接地电阻,电阻若低于正常值,则更换变频器。

2) 电动机定子绝缘检测

电动机定子线圈绝缘检测如图 5-18 所示。在断开变频器和三根输入侧电缆的电动机上，用绝缘电阻表 1 000 V 挡分别测量电动机输入侧 U、V、W 三根电缆中的任意一根对车身地（电动机外壳）的接地电阻，若电阻低于正常值，则更换电动机总成。

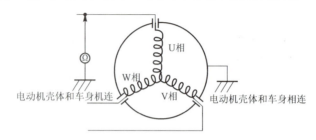

图 5-18 电动机定子线圈绝缘检测

3) 车载充电机绝缘检测

断开车载充电机输入侧 L、N 两根电缆，用绝缘电阻表 500 V 挡（交流电源为单相 220 V）分别测量车载电机输入侧 L、N 两根电缆中的任意一根对车身地（车载充电机外壳）的接地电阻，若电阻低于正常值，则更换车载充电机。

4) 空调压缩机绝缘检测

断开电动压缩机电缆，拆下压缩机变频器电子元件部分，将压缩机分解成变频器和压缩机两部分。

测量电动压缩机的变频器绝缘电阻：方法参考图 5-18，此外不再赘述。实际操作如图 5-19 所示，电阻若低于正常值，则直接更换电动空调压缩机总成。

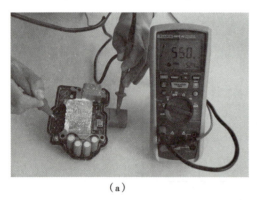
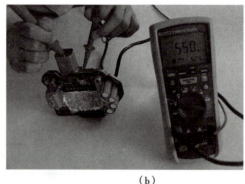

（a） （b）

图 5-19 测量电动压缩机的变频器绝缘电阻
(a) 三相输出对地绝缘电阻；(b) 直流输入对地绝缘电阻

测量电动压缩机定子线圈对壳体的绝缘电阻如图 5-20 所示，从 3 根输入侧接线柱处用绝缘电阻表 1 000 V 挡分别测量输入侧 U、V、W 接线柱中的任意一个对车身地（电机外壳）的接地电阻，若电阻低于正常值，则更换电动空调压缩机。

5) 空调 PTC 加热器绝缘检测

空调 PTC 加热器的绝缘检测如图 5-21 所示。断开 PTC 加热器电缆，用绝缘电阻表

1 000 V 挡分别测量 PTC 加热器输入侧正、负两根电缆中的任意一根对车身地（PTC 外壳）的接地电阻，若电阻低于正常值，则更换 PTC 加热器。

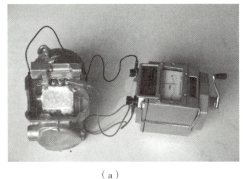
（a）

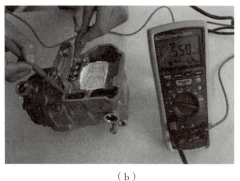
（b）

图 5 – 20　测量电动压缩机定子线圈对壳体的绝缘电阻

（a）用摇表测量；（b）用绝缘表测量

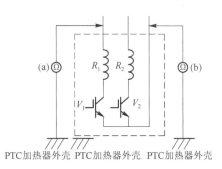

图 5 – 21　空调 PTC 加热器的绝缘检测

6）DC/DC 转换器绝缘检测

对于独立 DC/DC 转换器，断开其供电电缆，用绝缘电阻表 1 000 V 挡分别测量其输入侧正、负两根电缆中的任意一根对车身地（DC/DC 转换器外壳）的接地电阻，若电阻低于正常值，则更换 DC/DC 转换器。

【技师指导】事实上，DC/DC 转换器大多集成在变频器内部，因此只需测量变频器内的正、负两极输入端分别对变频器壳体的绝缘电阻即可。

第六章

充电管理控制

一辆 2017 年 5 月出厂的吉利 EV300 纯电动汽车,在进行交流充电时出现刚开始能充电,一会后就不能充电的现象,经诊断仪诊断为充电枪过热,这种情况说明该车存在严重的安全隐患。

如果你是接车的修理技术人员,应如何找出上述故障的原因?修理方案应如何制订?

(1) 能说出充电管理的内容。
(2) 能画出充电管理的系统图。
(3) 能说出交流充电桩的充电控制过程。
(4) 能说出直流充电桩的充电控制过程。

(1) 能排除交流充电过程中的充电故障。
(2) 能排除直流充电过程中的充电故障。

第一节 电池充电方法

一、常规充电方式

常规充电方式是指恒压、恒流的传统充电方式,是以相当低的充电电流为蓄电池充电,电流大小约为 15 A。以 120 A·h 的蓄电池为例,充电时间要持续 8 h。相应的充电器的工作和安装成本相对较低,电动汽车家用充电设施(车载充电机)和小型充电站多采用这种充电方式。车载充电机是纯电动轿车的一种最基本的充电设备,作为标准配置固定在车上或放在后备厢里,由于只需将车载充电器的插头插到停车场或家中的电源插座上即可进行充电,因此，充电过程一般由客户自己独立完成。直接从低压照明电路取电，电功率较小，由220 V/16 A规格的标准电网电源供电。在SOC占比达到95%以上时典型的充电时间为8~10 h。这种充电方式对电网没有特殊要求，只要能够满足照明要求的供电质量即可。由于在家中充电通常是晚上或者是在电低谷期，有利于电能的有效利用，因此电力部门一般会给予电动汽车用户一些优惠，如电低谷期充电打折。

小型充电站是电动汽车的一种最重要的充电方式，充电机设置在街边、超市、办公楼、停车场等处，采用常规充电电流充电。

电动汽车驾驶员只需将车停靠在充电站指定的位置上，接上电线即可开始充电。计费方式是投币或刷卡，充电功率一般为5~10 kW，采用三相四线制380 V供电或单相220 V供电。其典型的充电时间：补电1~2 h，充满5~8 h（SOC占比达到95%以上）。

二、快速充电方式

快速充电方式是指在短时间内使蓄电池达到或接近充满状态的一种方法，该充电方式以150~400 A的大充电电流在短时间内为蓄电池充电，充电功率很大，能达到上百千瓦，与常规充电方式相比安装成本相对较高。快速充电也可称为迅速充电或应急充电，其目的是在短时间内给电动汽车充满电，充电时间应该与燃油车的加油时间接近，大型充电站（机）多采用这种充电方式。

电动汽车充电设备主要包括充电站及其附属设施，如充电机、充电站监护系统、充电桩、配电室以及安全防护设施等，充电站控制示意如图6-1所示。

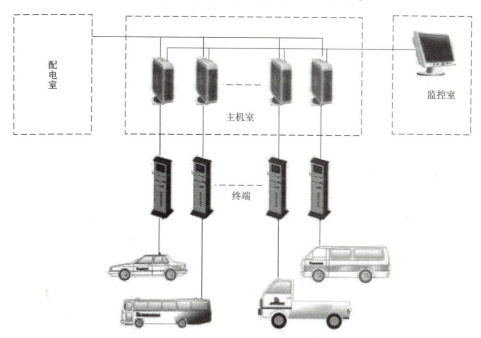

图6-1 充电站控制示意

大型充电站（机）的快速充电方式主要针对长距离旅行或需要进行快速补充电能的情况进行充电，充电机功率一般大于 30 kW，采用三相四线制 380 V 供电，典型的充电时间是 10~30 min。这种充电方式对电池寿命有一定的影响，特别是普通蓄电池不能进行快速充电，因为在短时间内接受大量的电量会导致蓄电池过热；对于锂离子电池可能发生着火或爆炸。

快速充电站只能采用非车载快速充电组件，也称为直流充电桩，它能够输出 35 kW 甚至更高的功率。由于功率和电流的额定值都很高，因此这种充电方式对电网有较高的要求，一般应在 10 kW 变电站附近或在监测站和服务中心中使用。此外，该充电方式会对附近的电网产生一定的谐波污染，还需采取较为复杂的谐波抑制措施，与慢充的交流充电桩相比，其安装成本相对较高，只适合大型充电站使用。

三、无线充电方式

无线充电方式包括电磁感应式、磁场共振式和无线电波式 3 种，电磁感应式如图 6-2 所示，3 种无线充电方式对比见表 6-1。电动汽车非接触充电方式的研究目前主要集中在电磁感应式充电方式，不需要接触即可实现充电。目前，日产和三菱都有相关产品推出，其原理是采用了可在供电线圈和受电线圈之间提供电力的电磁感应方式，即将一个受电线圈装置安装在汽车的底盘上，将另一个供电线圈装置安装在地面，当电动汽车驶到供电线圈装置上时，受电线圈即可接收到供电线圈的磁场，从而对电池进行充电。目前，这种充电方式的成本较高，还处于实验室研发阶段，其功能还有待时间验证。

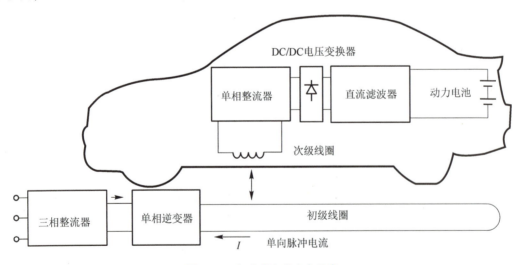

图 6-2 电磁感应式充电示意

电动汽车无线充电方式是近几年国外的研究成果，其原理就像在车里使用移动电话，将电能转换成一种符合现行技术标准要求的特殊的激光或微波束，在汽车顶上安装一个专用天线接收即可。有了无线充电技术，公路上行驶的电动汽车或双能源汽车可通过安在电线杆或其他高层建筑上的发射器快速补充电能，电费将从汽车上安装的预付卡中扣除。

表 6-1 3 种无线充电方式对比

方式	电磁感应	磁场共振	无线电波
充电原理	向地面下的初级线圈提供交流电流，线圈产生交变磁场，车底部的次级线圈产生交流电	基本原理与电磁感应相同，只是初级线圈和次级线圈使用同一共振周波，可将阻抗控制在最低，增大发送距离	充电部分和接收部分均采用 2.45 GHz 的微波，其余与电磁感应相同
使用频率	22 kHz	13.56 MHz	2.45 GHz
输出功率/kW	30	1	1
传送距离/mm	100	400	1 000
充电效率/%	92	95	38

电磁感应式充电不再需要电源插座或充电电缆，电能通过埋在路面内的充电板无线传送给汽车的蓄电池，实现从路面直接给汽车充电。这一技术将极大地降低充电时间，以沃尔沃 C30 电动车为例，在蓄电池完全放电的情况下，给 24 kW·h 大小的蓄电池组完全充电，预计需要 1.33 h。

无线电波充电方式也称为移动式充电。对电动汽车蓄电池而言，最理想的情况是汽车在路上巡航时充电，即所谓的移动式充电（MAC）。这样，电动汽车用户就没有必要去寻找充电站、停放车辆并花费时间去充电了。MAC 系统埋设在一段路面之下，即充电区，不需要额外的空间。

接触式和感应式的 MAC 系统都可实施。对接触式的 MAC 系统而言，需要在车体底部装一个接触拱，通过与嵌在路面上的充电元件相接触，接触拱便可获得瞬时高电流，其充电过程为脉冲充电。对于感应式的 MAC 系统，车载式接触拱由感应线圈所取代，嵌在路面上的充电元件由可产生强磁场的高电流绕组所取代。很明显，由于机械损耗和接触拱的安装位置等因素的影响，接触式的 MAC 对人们的吸引力不大。

电磁感应式非接触充电系统存在以下问题。

(1) 送电距离比较短，如果两个线圈的横向偏差较大，传输效率就会明显下降。目前只能实现传输 10 cm 左右的距离，而底盘离地面的距离明显与这个距离差别较大。此外，需要考虑很多散热问题，如线圈之间的散热。

(2) 耦合的辐射问题，电磁波的耦合会不会存在大的磁场泄漏？电磁感应在线圈之间传输电力，如同磁铁一样，在外圈有一定的泄漏，人如何避免受影响是个很大的问题。

(3) 线圈之间可能有杂物进入，还可能有某些动物（猫、狗等）进入里面，一旦产生电涡流，就如同电磁炉一样，安全问题非常明显。一般来说，利用电磁感应原理的无线供电技术最具现实性，并且现在在电动汽车上有实际应用。

磁场共振式充电，目前技术上的难点是小型、高效率化比较难。现在的技术能力大约直径0.5 m的线圈，能在1 m左右的距离提供60 W的功率。磁场共振式是现在最被看好、被认为将来最有希望广泛应用于电动汽车的一种无线充电方式。

关于无线电波式充电方式，现在提出了利用这种技术的"太空太阳能发电技术"。如果这种技术能够应用，可以从根本上解决电力问题。无线充电，使得电动汽车可以提供一种可能：一辆电动汽车从出厂到报废，都不用去理会电力补充问题。电动汽车，在太阳能电池技术、无线充电技术以及自动驾驶技术的支持下，完全可以颠覆现在的交通概念。多年以后，在高速公路上，车在自动行驶，而汽车、电脑、手机需要的所有电力都来自从路面下铺装的供电系统，或者来自汽车上的接收装置接收的电磁波。随着电动汽车的发展，无线充电技术必定有着广阔的利用空间。

综上所述，电动汽车的充电目前还是以普通充电为主、快速补充充电为辅的充电方式。对于电动公交车而言，充电站设在公交车总站内，在晚间下班后利用低谷充电，时间为5～6 h。全天运行的车辆，当续驶里程不够时，可利用中间休息待班时间进行补充充电。充电器的数量和容量根据车队的规模而定，充电站由车队管理。1C～3C电流的快速充电模式已经在探讨应用，但应确保在电池的安全性和使用寿命的前提下进行。

四、V to X

1. V2G

V2G是Vehicle-to-Grid的简称，功能是在电动车辆的蓄电池和电力网之间交换电力。通常在出现地震等自然灾害时，电动汽车开到医院或灾区现场可利用车载的蓄电池为动力机械设备供电，可实现交流单相输出，当然如果成本允许也可以实现三相输出。

2. V2H

V2H是Vehicle-to-Home的简称，功能主要是为家庭充电提供便捷实用的服务。由于大部分车辆95%的时间是处于停驶状态，因此车载电池可以作为一个分布式储能单元。这种双向电力融合，一方面可以提高电网的运行效率；另一方面，用户也可以借助峰谷电价从中获益。

V2G和V2H是相同的功能，都是在电动车辆的蓄电池和电力网之间交换电力。不过根据使用交流电的对象分为V2G和V2H两种。据说一辆家用电动轿车采用V2G/V2H模式，在正常使用的情况下，每月的电费非但不用支出，甚至还可以得到盈余。所以，V2G/V2H模式被称为推广PHEV和EV最好的助推剂。

3. V2V

V2V是Vehicle-to-Vehicle的简称，它描述了这样的一个系统：当有一辆电动汽车出现无电无法运行时，有电的电动汽车可以开过来通过充电口对接线为无电的电动汽车充电，从而使其恢复行驶能力。

第二节 充电机功能简介

一、充电桩

随着我国新能源汽车,特别是纯电动汽车的迅速发展,电动汽车充电站及其配套充电设备必将处于新能源交通领域的前沿。

电动汽车充电机是一种专为电动汽车的车用电池充电的设备,按安装方式不同可分为车载式和非车载式两种,分别采用相应的充电方式完成对车载蓄电池充电的功能。车载充电机是指安装在电动汽车内部的充电机;非车载充电机是指安装在电动汽车外,与交流电网连接,并为电动汽车动力电池提供直流电能的充电机。充电站安装的非车载充电机还需具备计量计费功能。

在一般情况下,充电机应至少能为以下3种类型动力电池中的一种充电:磷酸铁锂锂离子电池、铅酸电池、镍氢电池。

根据电流种类不同,充电桩可分为交流充电桩和直流充电桩两种。交流充电桩是安装在电动汽车外,与交流电网连接,为电动汽车车载充电机提供交流电源的供电装置,同时具备计量计费功能;直流充电桩是固定安装在电动汽车外,与交流电网连接,为电动汽车动力电池提供小功率直流电源的供电装置。直流充电桩具有充电机功能,可以实时监视并控制被充电电池状态,同时可以对充电电量进行计量。

二、充电机功能

充电机的充电设定方式可分为自动设定方式和手动设定方式。

1. 自动设定方式

自动设定方式是指在充电过程中,充电机依据蓄电池管理系统提供的数据动态调整充电参数,执行相应动作,完成充电过程。

2. 手动设定方式

手动设定方式是指由操作人员设置充电机的充电方式、充电电压和充电电流等参数,在电动汽车与充电机连接正常且充电参数不超过电动汽车蓄电池管理单元最大许可范围时,充电机根据设定参数执行相应操作,完成充电过程。充电机采用手动设定方式时,应具有明确的操作指示信息。

充电机采用高频开关电源模块,其主要功能是将交流电源变换为高品质的直流电源,应采用脉冲宽度调制方式原理。模块应由全波整流及滤波器、高频变换及高频变压器、高频整流滤波器等组成。

每个高频开关电源模块内部都应具有监控功能,显示输出电压/电流值,当监控单元故障或退出工作时，高频开关电源模块应停止输出电压。当正常工作时，模块应与直流充电机监控单元通信，接受监控单元的指令。

高频开关电源模块应具有交流输入过电压保护、交流输入欠电压报警、交流输入缺相告警、直流输出过电压保护、直流输出过电流保护、限流及短路保护、模块过热保护及模块故障报警等功能。模块应具有报警和运行指示灯，任何异常信号应上送到监控单元。

充电机不同相位的两路或多路交流输入进线应均匀接入充电机高频开关电源模块上，以实现脉波整流。高频开关电源模块应具有带电插拔更换功能和软启动功能，软启动时间为3~8 s，以防开机电压冲击。充电机应具有限压、限流特性。限压特性：当充电机在恒流充电状态运行时，若输出直流电压超过限压整定值，则应能自动限制其输出电压增加。限流特性：当充电机在稳压状态下运行时，若对蓄电池的充电电流超过电池的限流整定值或输出直流电流超过充电机总限流整定值，则应能立即进入限流状态，自动限制其输出电流增加。全自动充电机适用的电池类型：镍铬电池、镍氢电池、铅酸电池、锂离子电池等。

充电机充电特性：采用智能充电技术，充电过程无须人工干预。严格按照蓄电池充电特性曲线进行充电，采用"恒流→恒压限流→涓流浮充"智能充电模式，使每节电池都能够较快地、充分地充满电，避免过充电，完全起到全自动切换功能。

三、充电功能

1. 智能三阶段充电模式

智能三阶段充电模式：充电初期采用恒流技术，使充电电流恒定，避免损坏电池、加速电池的老化；充电电压达到上限电压时自动转换为恒压限流充电，有效地提高蓄电池的容量转换效率；涓流浮充使各单体电池均衡受电，保证电池容量得以最大限度地恢复，有效解决单体电池电压不均衡现象，避免了充电电压的变化和蓄电池充电末期造成的过压充电的危险，大大延长了蓄电池的使用寿命。

该充电模式适用范围广的原因：充电电流可在10%至额定值内任意设定，且不受输入交流电压变化的影响，在恒流充电期间电流维持不变，无须人为调整。

2. 特殊功能数据转储和处理

充电结束后，采集的数据可经U盘转存或经RS232接口直接上传到计算机，经配套的软件后台处理后，可自动生成各种图表，为判别整组电池的优劣提供科学的依据。

注意：

充电机启动、停电后恢复充电应需人工确认，充电机应具有急停开关。

四、监控功能

直流充电机的监控单元应具有完善的监控功能，至少应具有以下监控功能。

1. 模拟量测量显示功能

测量显示充电机交流输入电压、充电机输出电压/电流、各个高频电源模块输出电流等。监控单元电流测量精度在20%~100%的额定电流范围内，其误差应不超过±1%；电压测量精度在 90%～120% 的额定电压范围内，其误差应不超过 ±0.5%。

2. 控制功能

监控单元应能适应充电机的各种运行方式，能够控制充电机自动进行恒流限压充电→恒压充电→停止充电。

3. 告警功能

当充电机交流输入异常、电源模块告警/故障、直流输出过/欠压、直流输出过流、充电机直流侧开关跳闸/保险丝熔断、充电机故障、充电机监控单元与充电站监控系统通信中断、监控单元故障时，监控单元应能发出声光报警，并应以硬接点形式和通信口输出到监控系统。

4. 事件记录功能

监控单元应能储存不少于 100 条事件。充电机告警、充电开始/结束时间等均应有事件记录，应能保存至少 20 次充电过程曲线，事件记录和曲线应具有掉电保持功能。

5. 参数整定和操作权限管理

监控单元应具有充电机参数整定和操作权限密码管理功能，任何改变运行方式和运行参数的操作均需要权限确认。

6. 对时功能

监控单元至少应满足 PPS（秒脉冲）、PPM（分脉冲）对时要求，亦能接受 IRIG – B (DC) 码来满足对时要求，且 GPS 标准时钟的对时误差应不大于 1 ms。

五、显示功能

显示功能应显示的信息如下：
（1）电池类型、充电电压、充电电流、充电功率、充电时间、电量计量和计费信息。
（2）在手动设定过程中应显示人工输入信息。
（3）在出现故障时应有相应的提示信息。
（4）可根据需要显示电池最高和最低温度。

六、通信功能

通信功能包括的内容如下：蓄电池的蓄电池组标识、蓄电池组类型、蓄电池组容量、蓄电池组状态、蓄电池组故障代码、蓄电池组电压、蓄电池组充电电流、蓄电池组充电功率、蓄电池组充电时间、蓄电池组充电电能、单体蓄电池电压、单体蓄电池荷电、蓄电池温度等；充电机状态、充电机故障代码、充电机交流侧开关状态、充电机直流输出电压、充电机直流输出电流、充电机直流侧开关状态、充电机直流侧开关跳闸；监控单元输出故障、充电机与监控系统通信中断等；后台监控系统输出充电机开/关机、充电机紧急停机、充电机参数设置等。

七、电动汽车智能充电及管理

电动汽车智能充电及管理系统能够实现对电池的检测、维护、保养，续驶里程估算，内阻检测估算，电能计费，联网监控，人机交互显示等功能，如图6-3所示。

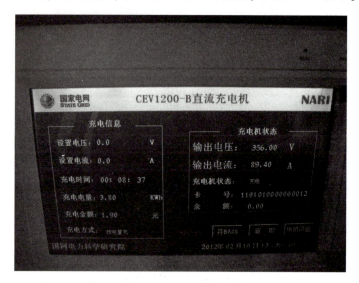

图6-3 电动汽车智能充电及管理系统界面

采用多种充电模式的优点：充电电流大，充电热量少，充电速度快，还原效率高，超时充电无过充危险，效率较一般的充电方式提高50%~60%。

1. 均衡充电功能

均衡充电功能：针对锂电池抗过充能力差，使其实现动态均衡充电。该功能的优点是：避免不平衡趋势恶化；提高电池组的充电电压，并对电池进行活化充电，有效延长电池使用寿命；具有快速充电功能，充电时长为10~15 min，充足额定电量的80%以上，续驶里程可达300 km。

2. 内阻检测功能

内阻检测功能包括智能电池单体检测、内阻检测技术，可在线巡回检测每节电池状况，预测各节电池供电性能，及时发现劣化电池，立即报警，为电池组"精细"维护提供测量依据。

3. 除硫养护功能

除硫养护功能包括抑制硫化产生，降低硫化速度，可使电池组的容量恢复到标称容量的95%以上，达到长期在线对电池进行除硫和修复的作用。

4. 电量计费功能

电量计费功能包括充电站输入电量、充电主机输入电量和输出电能的总体计量；用户充电消费已充电量、计费单价和消费金额等的存储、显示和统计。

5. 联网监控功能

联网监控功能：通过GPS定位系统、CAN总线装置、载波通信，监控中心对充电主机、终端、充电桩进行远程控制，可实时记录充电、配电、电池维护等监控数据，异常现象声控报警，并通过通信口输出到监控系统。

6. 续驶里程估算功能

续驶里程估算功能：对电动汽车车载电池的电压、内阻检测及电量容量进行估算，可实时评估电量信息，同时估算续驶里程，避免车主遭遇电量用完的问题，方便用户出行。

7. 抗磁干扰功能

抗磁干扰功能：双绞屏蔽网络通信线，并置于金属管中；超强滤波电路设计，严格执行通信协议，多重正确条件校验设置，全面差错校正。

8. 人机交互功能

人机交互功能：触控数字液晶屏显示，有语音提示，界面友好，可显示 RFID 卡（选配）、IC 卡卡号、计费单价、充电模式、充电电压、充电电流、已充电量、所剩余额、消费金额等，打印单据等。充电桩的插卡端口和打印端口如图 6-4 所示。

图 6-4　充电桩的插卡端口和打印端口

第三节　传导式充电接口

一、充电接口形式

电动汽车传导式充电接口适用于交流额定电压最大值为 380 V 和直流额定电压最大值为 600 V 的电动汽车。

国家标准规定了两种充电接口：一种是将交流供电电网连接到车载充电机上进行充电的交流充电接口；另一种是利用非车载充电机（充电桩）对电动汽车进行充电的直流充电接口。

国家标准对电动汽车的充电插头和充电接口的材质、接触电阻、额定电流、额定电压、插拔力、电气性能、防水等级、断开状态、充电状态、防松设置、及时断开等都作了规定。

二、充电模式和插头颜色

电动汽车的充电模式包括充电模式1、充电模式2和充电模式3，其中充电模式1和充电模式2使用的电源为交流电源，充电模式3使用的电源为直流电源。

1. 充电模式1

充电模式1使用车载充电机对电动汽车进行充电，充电电缆通过符合GB/T 2099.1—2008要求的额定电流为16 A的插头插座与交流电网进行连接。交流充电接口端子连接方式为 $L_1 + N + PE + CP + CC$。

2. 充电模式2

充电模式2使用特定的供电设备为电动汽车提供交流电源，根据额定电压和额定电流的不同等级，具体分为以下几种模式。

模式2.1：采用单相220 V交流充电，电流为32 A，交流充电接口端子连接方式为 $L_1 + N + PE + CP + CC$。

模式2.2：采用三相380 V交流充电，电流为32 A，交流充电接口端子连接方式为 $L_1 + L_2 + L_3 + N + PE + CP + CC$。

模式2.3：采用三相380 V交流充电，电流为63 A，交流充电接口端子连接方式为 $L_1 + L_2 + L_3 + N + PE + CP + CC$。

充电模式2一般用在商场、停车场等通过特定的供电设备为电动汽车提供交流电源的地方。

3. 充电模式3

充电模式3使用非车载充电机对电动汽车进行直流充电，其额定电压为600 V，额定电流为300 A，用于高速公路服务区、充电站等，通过非车载充电机对电动汽车进行直流充电，交流充电接口端子连接方式为 DC+、DC-、A+、A-、PE、S+、S-、AN屏蔽。

在充电插头的明显区域（如锁紧装置的控制按钮表面）应有不同颜色来表示不同的充电模式。

蓝色：充电模式1；黄色：充电模式2.1；橙色：充电模式2.2；红色：充电模式2.3；红色：充电模式3。

在供电装置一侧需安装漏电保护装置，建议安装手动或自动断路器。出于安全考虑，在充电接口的连接过程中，应首先连接保护接地端子，最后连接控制确认端子；在脱开的过程中，应首先断开控制确认端子，最后断开保护接地端子。

三、符号标志

Hz	赫[兹]
~或 AC	交流电
⎓或 DC	直流电
L₁、L₂、L₃	交流电源三根火线
N	中线
⏚或⏚或 PE	保护接地
DC +	直流电源正或电池正极
DC -	直流电源负或电池负极
CP	交流供电板控制
CC	充电连接确认
S +	充电通信 CAN – H
S -	充电通信 CAN – L
▽	充电通信 CAN 屏蔽
A +	低压辅助电源正（如：12/24 V +）
A -	低压辅助电源负（如：12/24 V -）
IP XX（有关数字）	IP 代码（GB/T 4208—2017 规定的防护等级）
CM31	充电模式 3.1
CM32	充电模式 3.2

四、交流充电接口

交流充电接口插头和插座的端子布置方式如图 6 – 5 所示。

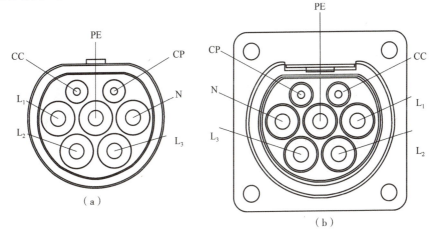

图 6 – 5　交流充电接口插头和插座的端子布置方式
(a) 插头；(b) 插座

交流充电接口端子功能：L_1、L_2、L_3 为三相交流电；N 为中线；PE 为保护接地；CC 为充电枪连接唤醒汽车端充电控制单元（可以直接电池管理系统，也可以是充电辅助控制模块 ACM）；CP 是充电机发出流入到汽车端充电控制单元的导引脉冲信号，汽车端充电控制单元通过此线可实现对交流充电桩的控制。

交流充电接口界面示意如图 6-6 所示。

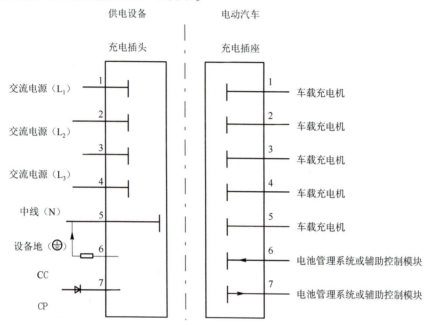

图 6-6　交流充电接口界面示意

五、直流充电接口功能

CM31 直流充电接口插头和插座的端子布置方式如图 6-7 所示，CM31 直流充电接口界面示意如图 6-8 所示，CM31 直流充电接口端子功能定义如表 6-2 所示。

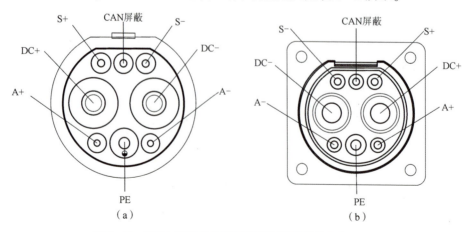

图 6-7　CM31 直流充电接口插头和插座的端子布置方式
（a）插头；（b）插座

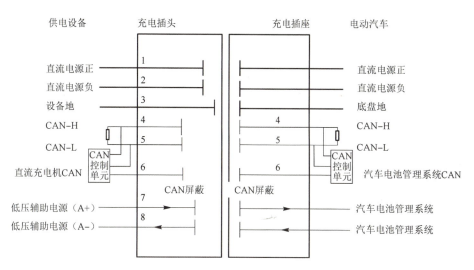

图 6-8　CM31 直流充电接口界面示意

表 6-2　CM31 直流充电接口端子功能定义

端子编号	功能	功能定义
1	直流电源正（DC+）	连接直流电源正与电池正极
2	直流电源负（DC-）	连接直流电源负与电池负极
3	保护接地（PE）	在供电设备地线和车辆底盘地线之间设置触点。当充电接口连接和断开时，该触点相对于其他触点首先完成连接并最后完成断开
4	充电通信 CAN-H（S+）	非车载充电机与电动汽车相关控制系统进行通信
5	充电通信 CAN-L（S-）	非车载充电机与电动汽车相关控制系统进行通信
6	CAN 屏蔽（▽）	CAN 通信用屏蔽线
7	低压辅助电源（A+）	非车载充电机为电动汽车提供低压辅助电源正
8	低压辅助电源（A-）	非车载充电机为电动汽车提供低压辅助电源负

CM32 直流充电接口插头和插座的端子布置方式和端子功能定义与 CM31 相同。

六、充电接口工作原理

1. 端子连接顺序

出于安全考虑，在充电接口连接的过程中，端子连接顺序为保护接地 PE→直流电源正（DC+）与直流电源负（DC-）→电池管理系统的低压辅助电源正（A+）和低压辅助电源负（A-）→充电通信 CAN 总线。在脱开的过程中则顺序相反。

2. 确认充电接口的连接

电动汽车的车辆控制装置能够通过测量检测点的峰值电压判断充电插头与充电插座是否已充分连接。电流容量的判断是车辆控制装置通过测量检测点 2 的电压值来确认充电电缆的额定电流，并通过判断该点的占空比确认当前供电设备能提供的最大电流值。电动汽车的车辆控制装置对供电设备、充电电缆及车载充电机的电流值进行比较后，按照其中的最小电流值对电动汽车进行充电。

3. 输出功率调整

在充电过程中，车辆控制装置对检测点 2 信号（CP 级信号）的占空比进行不间断地监测，当接收的振荡信号占空比有变化时，车辆控制装置实时调整车载充电机的输出功率。

4. 充电系统的停止

充电系统的停止是在充电过程中，车辆控制装置不间断测量检测点 2 的峰值电压或占空比，如果信号异常，则车辆控制装置立即关闭车载充电机的输出；供电设备在充电过程中不间断测量检测点 1（CP 级信号）的峰值电压，如果信号异常则断开交流输出端的接触器或开关。

在供电设备无故障的情况下，其内部开关为常闭状态。当使用充电电缆将供电设备与电动汽车连接完毕后，供电设备通过测量检测点 1 的峰值电压判断充电电缆是否连接完毕。当供电设备接收到启动信号（如刷卡等）后，闭合其交流输出端的接触器或开关，为电动汽车的车载充电机进行供电。

电动汽车的车辆控制装置通过检测点 2 的峰值电压，判断充电插头与充电插座是否已充分连接。

5. 充电系统的起动

在电动汽车和供电设备建立电气连接后，车辆控制装置通过测量检测点 2 的峰值电压，确认充电电缆的额定电流（电阻 R_2 的阻值与充电电缆额定电流的对应关系）。车辆控制装置通过判断该点的占空比确认供电设备当前能够提供的最大充电电流值，并对供电设备、充电电缆及车载充电机三者的额定电流值进行比较，将最小值设定为当前最大允许供电电流。当判断充电接口已充分连接并设置完当前最大允许充电电流后，车载充电机开始对电动汽车进行充电。

在整个充电过程中，车辆控制装置不间断地检查充电接口的连接状态及供电设备的功率变化情况，以及检测点 2 的峰值电压和占空比。当占空比有变化时，车辆控制装置应实时调整车载充电机的输出功率。

6. 充电系统的故障停止

在整个充电过程中，车辆控制装置应不间断地测量检测点 2 的信号（电压及占空比），若出现异常则立即关闭车载充电机输出，停止充电；供电设备不间断地测量检测点 1 的峰值电压，如果信号异常则断开交流输出端的接触器或开关。

7. 特殊模式充电

在充电模式 1 中，充电电缆上可配备占空比固定为 20% 的振荡电路装置来作为控制导引电路。如果供电设备没有配备振荡电路装置，电动汽车在判断充电电缆完全连接后，可以按照充电模式 1 规定的额定电流进行充电。

为保证此过程的安全进行，交流供电装置一侧应安装手动或自动断路器，其判断步骤如下。

（1）用充电电缆将车载充电机连接到交流电网。

（2）车辆控制装置在初次上电后的一定时间（如 5 s）内没有接收到振荡器的振荡信号，闭合特殊模式开关 S2（充电枪上）判断充电接口是否已完全连接（检测点 2 电压小于 2 V/4 V 为已连接，等于 12 V/24 V 为未连接）。

（3）车辆控制装置判断充电接口已完全连接后，可控制车载充电机按照充电模式 1 规定的额定电流对电动汽车进行充电。

（4）车辆控制装置应在充电过程中不间断地监测充电接口的连接状态，一旦出现异常应立即关闭车载充电机。

8. 直流充电接口带载插拔保护原理

在充电过程中，如果没有严格的保护控制措施，直流充电接口的带负载插拔会对操作人员造成伤害。因此，需要电动汽车的电池管理系统与非车载充电设备相互协调并在充电逻辑上加以控制，从而保证充电接口在插拔过程中不带负载。

保护原理是充电接口的插头分别设有相对应的通信端子、直流输出端子及低压辅助电源端子。当拔开充电接口时，端子的断开顺序为通信端子→低压辅助电源端子→直流输出端子。

电池管理系统与非车载充电设备（充电桩）在充电过程中的控制逻辑顺序如下。

（1）充电设备通过低压辅助电源端子向电动汽车的电池管理系统供电。

（2）电池管理系统与非车载充电设备进行通信。

（3）在完成握手阶段、配置阶段后，非车载充电设备开始对电动汽车进行充电。

（4）在充电过程中，如果 100 ms 内非车载充电设备没有收到 BMS 周期发送的充电级别需求报文，非车载充电设备立即关闭输出。

（5）在充电过程中，如果低压辅助电源端子断开，应有断路接触器切断直流充电回路。

第四节　吉利汽车车载充电机

一、车载充电机箱

吉利车载充电机（2017 年款）的箱体如图 6-9 所示，图中左侧为变频器，箱体内部的保险丝可分配直流电到高压部件，同时接收 220 V 交流电，输出比车底盘下侧锂离子电池高 10%～15% 的直流电压，为锂离子电池充电，其电路原理如图 6-10 所示。

图 6-9　吉利车载充电机（2017 年款）的箱体

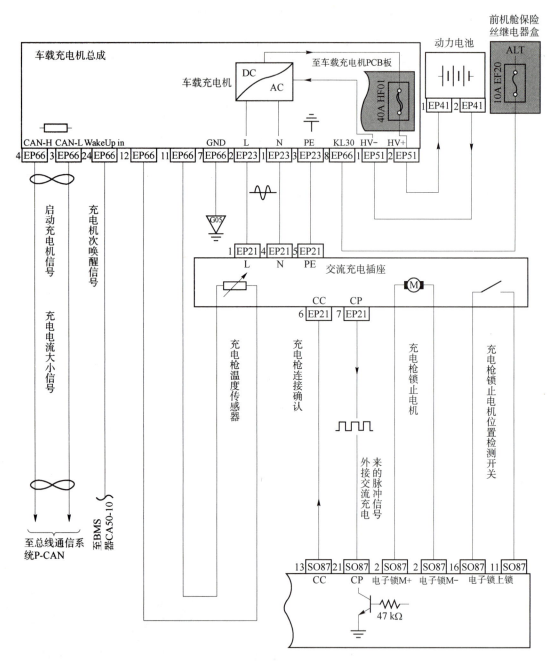

图 6-10 吉利车载充电机（2017 年款）电路原理

二、吉利车载充电机（2017 年款）

吉利车载充电机（2017 年款）及其高压保险暴露了国产部件的体积大、线束混乱、线色单一（不是红线就是黑线）、树脂在线头处和印刷电路板上到处都是的问题，这明显是连接、固定和抗振信心不足的表现，如图 6-11 所示。而国外生产的电动汽车部件，体积偏小、线束有序、线色多样,没有树脂到处都是这种情况。

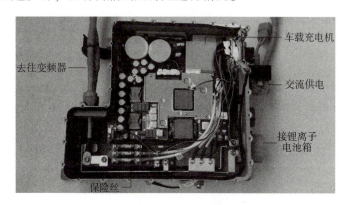

微课 14　车载充电机原理

图 6-11　高压保险和车载充电机

高压保险和车载充电机的导线可分为外接直流高压橙色导线、互锁线、220 V 交流线、控制线束、印刷电路板间排线 5 种。

1. 高压橙色导线

右下角橙色插座两针是锂离子电池来的直流供电,向左进入箱内导线变为扁形,左端直接向上输出给变频器,同时也给下部的绿色电路板供电,3 个保险丝管中 2 个向外流,1 个向回流。保险丝管上标有红色漆的是车载充电机(OBC),直流电输出的正极,为回流充电线;两个标有绿色漆的,上部是空调压缩机供电线,下部是 PTC 加热器供电线。这 3 个保险线管下部的电路板上有明确的 OBC、A/C(Air Conditioning)、PTC(Positive Temperature Coefficient),只要细心注意即可。从保险丝管右侧的线束红黑线标也可识别电流的流入和流出,红色为向右流出,黑色为向左流入。在 6 根线中,在 4 根白色线管中,靠右的两根白色线管内导线是电动空调压缩机和 PTC 加热器的负极线。电动空调压缩机和 PTC 加热器导线从箱体外壳的右上侧两个插座输出,再流回。而没有套白色线管的红色长导线为充电机的输出正极,黑色短线为充电机的负极。

2. 互锁线

图 6-11 中左侧的细红、黑双线为箱盖开启互锁线,互锁线是在互锁微动开关箱盖开启时起作用,防止修理人员在未下电时强行拆开箱盖而被电击伤。

右下侧的直流输入插座的细红、黑双线为线束互锁线,其他红、黑细线也是不同插座的互锁线。

3. 220 V 交流线

在箱体中,右侧由下向上数第二个橙色插座是 220 V 交流线,内部有 L(火线)、N(零线)、PE(保护地线)3 根线。L 线和 N 线接到充电机电路板上,即图 6-13 中电路板下面的那块板上,上面的是车载充电机的控制器,也就是 OBC 的 ECU。在下面板上可将交流电整流为直流电,再经电力电子变换为直流锂离子电池的充电电压,大约为标称锂离子电池电压 346 V 的 110%~115%。PE 线接在充电机电路板的 PE 线上,当 L 线漏电到 PE 线时，及时使墙壁上的漏电开关断开，起到保护作用。

车载充电机外接交流充电口，包括电源 L（火线）、N（零线）、PE（保护地线），吉利左后侧轮胎上部的充电口内侧接线，如图 6-12 所示。

图 6-12　吉利左后侧轮胎上部的充电口内侧接线

[故障诊断]　在电动汽车充电的过程中，若墙壁上的漏电开关跳闸，则说明有漏电的情况，这时就应检查是否是火线 L 与 PE 保护地接触连通了，此外还要检查是否是漏电开关过流造成跳闸。

4. 控制线束

控制线束包括车载充电机的控制板的电源线、搭铁线、唤醒线和 CAN 通信线等，位于箱体的最上侧，为黑色。

5. 印刷电路板间排线

印刷电路板间排线从车载充电机的控制板通向下板，通过排线车载充电机的上板下行可以控制下板开关元件的通断、充电机功率因数、起动保护、与外界通信和驱动点亮仪表充电指示灯等。下板上行反馈可实现监测控制后的电压和电流反馈，将数值反馈给车载充电机的上部控制板。

注意：

下板不是控制板，所以没有下行功能，只有执行和上行反馈功能。

第五节　一汽奔腾车载充电机

一、车载充电机功能

一汽 B50 车载充电机位置示意如图 6-13 所示。车载充电机的功能是将单相 220 V、50 Hz 的交流电变成直流电，再进行直流-交流变换，交流电升压到车载动力电池的电压水平后，整流、滤波输出给动力电池充电。

车载充电机的类型有独立式和非独立式两种。

独立式是指充电机只能完成充电机的功能，典型的是一汽 B50 电动汽车车载充电机。其特点是采用水冷，3 个端口从左至右依次是控制端口（电源、CAN 线、地、屏蔽线）、给动力电池充电端口（正和负）、外接充电端口（单相交流电的 L、N 和地），如图 6-14 所示。

图 6-13　一汽 B50 车载充电机位置示意

图 6-14　端口和冷却水通道

非独立式是指元件的主功能不是充电机功能，如主功能是变频器功能，通过在停车充电时重复利用驱动电机的功率元件达到充电机的功能。典型的是比亚迪 E6 的车载充电机，其特点是体积较大、水冷，多出一根流向高压配电箱的高压电缆线。

二、独立式车载充电机

1. 充电口上 CP 和 CC 的作用

CP 和 CC 是用来告诉充电机充电口有一把充电枪插入，证明充电枪和充电口充分连接，这个信号也作为充电机充电开始的启动信号，这时可以看到动力电池被充电的信息，有的车通过闪烁的充电指示灯显示该信息，有的车通过仪表来显示该信息。

2. 车载充电机的外接充电口不需要和电池管理系统通信的原因

车载充电机的外接充电口不需要和电池管理系统通信的原因：车载充电机电源端口（电源、CAN 线、地、屏蔽线）与车上的电池管理系统通信，外接充电口只要向车载充电机提供电源即可。

3. 车载充电机上的电源供应属于 TN-S 网络的原因

车载充电机上的电源供应属于 TN-S 网络的原因：充电机通过控制端口为 L_1 + N + PE + CP + CC，其中的 L_1 + N + PE 3 根线和家用电器的保护接法相同，即采用保护接零。若保护线（PE）和零线（N）不相连，一旦火线（L）漏电至充电机壳体上，交流电就会延伸到车身，这时触摸车身是危险的，所以一定要保证车的 PE 线和车身连接可靠。

4. 车载充电机充电前要完成的任务

车载充电机先要与电池管理系统联系，电池管理系统会根据当前电池是否有绝缘故障、电池故障等来确定是否启动充电程序。若没有绝缘故障、电池故障等信息，车载充电机会根据电池的当前电压、电量、温度、电压一致性、温度一致性和内阻一致性等参数确定采取何种充电方式，即以多高的电压和电流对电池进行充电。

5. 车载充电机充电过程中要完成的任务

车载充电机在充电过程中，要不断根据电池管理系统发来的信息确定充电电压和电流，以达到更好的充电效果。如果电池管理系统检测到故障，会通知车载充电机停止充电。

三、车载充电机组成

1. 车载充电机电子控制单元

车载充电机电子控制单元，简称为充电控制单元（Charging Control Unit，CCU），作用是接收充电口 CC + CP 的充电枪插上的信号，从而启动充电程序，其正面如图 6-15 所示。充电程序一旦启动，CCU 会与电池管理系统进行通信，在没有绝缘故障、电池故障等的情况下，根据电池当前状态选择最适宜的充电电压。

在 CCU 控制板上有功率因数校正、接收下执行板的信号（包括输入电压采集、输出电压采集、充电机过温采集等）、向下执行板发送控制信号（包括开关管驱动、继电器断开）、接收电池管理系统从 CAN 发过来的电池状态信息和故障状态等功能。

在 CCU 控制板的背面有光耦实现 CAN 通信光电隔离，以及和执行板连接的排线座，实现信号输入和输出，如图 6-16 所示。

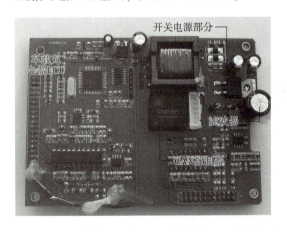

图 6-15　CCU 的正面

图 6-16　CCU 的背面

2. 车载充电机执行板

车载充电机执行板如图 6-17 所示，其功能是在 CCU 的控制下实现对蓄电池充电电压的控制，在电池出现故障时停止充电，在车载充电机自身出现故障时及时切断交流电的输入,起到保护作用。具体可分成以下几个阶段。

(1) 交流变直流:交流电由左下侧两线输入,经交流保险丝管→高频交流抑制元件→交流继电器→整流桥→滤波电容滤波,形成稳定的直流电。

(2) 直流升压:直流电正经过变压器初级线圈和开关管到达直流负极,当开关管导通和截止时,在初级线圈形成交流电,经次级线圈形成升压后的交流电。

(3) 整流过程:升压后的交流电经输出整流和滤波给动力电池充电。

在给动力电池充电时,如果冷却水泵不运转或缺少冷却液,会导致下板的元件过热,如图 6-18 所示。为防止过热,通常在散热器上装有热机械开关,当温度达到 83 ℃时,这个开关会闭合,信号传给 CCU,由其控制向外发送这个信息,同时控制交流继电器断开。

图 6-17 车载充电机执行板

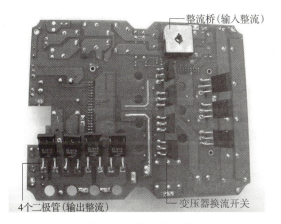

图 6-18 一汽 B50 车载充电机执行电路背面

3. 变压器和滤波电感

变压器和滤波电感被固定在车载充电机上部,利用上部的散热器来自然散热,如图 6-19 所示。

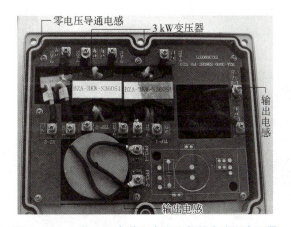

图 6-19 一汽 B50 车载充电机上部的电感和变压器

四、充电故障

1) 故障现象

显示充电电流一直在 1~2 A，非常小，正常充电电流应在 10 A 以上。

2) 故障原因

（1）冷却液中的气体未排净。

（2）水泵不运转。

（3）橡胶软管中冷却液流动不畅。

（4）车载充电机故障。

3) 故障排除

案例 1：摸橡胶软管有一定脉动，打开散热器盖，发现散热器盖时不时会溢出点冷却液，怀疑是冷却系统排气不净，经排气后故障排除。

案例 2：摸充电机下侧发烫，上盖散热片也发烫，摸橡胶软管没有脉动，说明水泵未工作，诊断执行元件发现水泵也不工作，而对水泵继电器的开关端短接，水泵转动，更换继电器后故障排除。

第六节　交流充电管理

一、交流充电桩

交流充电桩又称为交流充电安全供电桩，交流充电桩实物如图 6-20 所示，交流充电枪输出端面如图 6-21 所示，它和墙壁的三孔插头作用是相同的，区别是它能提供更大的功率，如 6.6 kW，这个功率可达墙壁三孔插头提供功率的 3 倍以上，可以提供更快的充电速度。

图 6-20　交流充电桩实物

图 6-21　交流充电枪输出端面

家用小功率墙壁供电的充电枪是厂家随车配送的小功率充电枪，如图6-22所示，左侧为小功率充电机（本质是一个小功率的交流供电桩），通过三孔插头从墙壁取电，右侧为充电枪，其输出端面如图6-23所示，与大功率交流桩充电枪输出端面相同，以适应车上的同一个交流充电口。

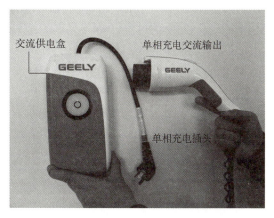

图6-22 家用小功率墙壁供电的充电枪

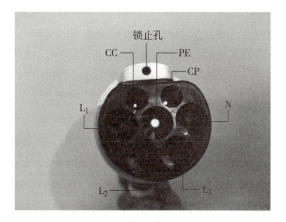

图6-23 家用小功率墙壁供电的充电枪输出端面

交流充电桩一般布置在学校、停车场、商业圈广场等地，由于露天布置无人管理，必须保证供电安全。保证供电安全的方法是在充电线插到交流充电桩后，交流充电桩内部的继电器闭合工作，才向外输出交流电。当不插充电枪时，交流充电桩对外的接口是没有电输出的。

交流充电枪的平侧孔为充电用的机械锁孔，在充电时车辆侧的充电座内一个减速电动机伸出一根金属杆插入此孔，避免了在充电过程中人为拔下充电枪的情况。

充电枪的锁止过程是通过遥控器上的"锁门"按键来完成的，此时锁止电动机控制锁闩伸出。

充电枪的解锁过程是通过遥控器上的"开门"按键来完成的，此时锁止电动机控制锁闩回缩。

二、交流充电桩原理

交流充电桩有漏电断电、过流断电、急停、柜门状态打开停充、接触器状态监测、导引信号 CP 连接状态、柜体倾斜或进水状态、电磁锁状态等功能，其中柜体倾斜、柜体进水状态、电磁锁状态一般不安装使用。

符合国家标准的连接导引可在桩与车没有完全连接好、接触不良、意外脱离时，及时断开电源，有的插座选配一套电磁锁可保证在充电时将插座与插头锁止而不能拔出以增加其安全性。

一般交流充电桩上有4个开关量输出控制点，用于接触器控制、CP 导引信号输出、充电枪头和插座的电磁锁控制、漏电模拟测试/非常紧急停止控制（其中电磁锁早期充电桩没有安装）。另有4个开关量灯控制输出点，用于控制照明 LED 及红、黄、绿信号 LED。

一般交流充电桩由交流供电电路、报警检测和微控制系统组成。

交流供电电路有 L、N 两条导线，经开关 S_1（漏电自动断开开关）→开关 S_2（电流限制开关）→SM 交流接触器（控制充/停开关）。

S_1 漏电自动断开开关：此开关断开有两个条件，一是电流过大，达到额定电流的150%（50 A左右）此开关就会断开；二是漏电检测电流大于限值，存在30 mA以上的漏电电流此开关就能断开。辅助接点 S_1 提供该开关动作的报警信息。

S_2 电流限制开关：该开关主要应对故障性浪涌或短路，在回路出现小于125%的过流时由弱电系统读取电能表的电流值发出过流报警或断开接触器（由于通信、判断、执行会有一定的延时，故只限制在回路允许的范围内使用），当回路出现大于125%的过流（40 A左右）或短路的大电流过载时，该开关可以实时分断故障，并由辅助接点 S_2 提供该故障的报警信息。

SM交流接触器：SM交流接触器作为控制充电/停止的可控开关使用，它由弱电系统控制，并由SM辅助开关对其动作状态进行检测。

急停按钮的电磁线圈内通过的是220 V交流电，电磁线圈介入工作需要弱电继电器进行控制。急停按钮上侧开关为系统提供该按钮的状态信息。

充电插座：为避免出现充电时人为带负载拔出插头的危险动作，交流充电桩和双头充电枪的交流充电桩侧的插座和插头配合时通过一个机械锁扣进行锁止。

三、报警检测与控制电路

交流充电桩电路原理如图6-24所示，交流充电桩的I/O接口定义见表6-3。该电路有以下特点。

（1）开关量输入电路虽然都来源于干接点或独立的电路单元，但为进一步提高安全可靠性，它与主板之间实现了电隔离，防止在恶性故障时扩大损害范围，以保障恶性故障时输出控制电路的有效性。

（2）模拟量的信号来源于电能表，电能表不仅提供计量功能，同时提供电压、电流和时间等模拟量信息，该信息被弱电系统实时读取后用于一般过压/欠压、过流（±10%）时报警，较重过压/欠压、过流（>±10%）时断开接触器中止充电服务，以保障使用安全。

（3）由于1 kHz/40%/±12 V的导引脉冲信号直接与充电插座连接并续接到车辆上，该导引信号的输出端口上增加了管状保险丝和±18 V的TVS（瞬态电压抑制二极管）的组合安全保险措施，因此当该导引回路上接触到高于±18 V电压时由TVS嵌压放电，当放电能量较大时，由0.1 A的保险丝切断回路隔离故障。保险丝熔断后，导引检测电路立刻会检测到连接断开信号，并立即分断接触器停止供电，从而防止事故扩大，保障使用安全。导引脉冲信号由一个继电器控制输出。

（4）接触器由一个继电器隔离控制，继电器接点上并有470 V的压敏电阻用于线圈回路的自感电势泄放，消除继电器接点间的火花，保障继电器的使用寿命。

（5）漏电开关的漏电模拟测试电路，是由一个继电器隔离（继电器线圈用弱电，开关流过强电）控制的，回路连接于漏电开关的上下两端制造一个剩余电流，回路中按照30 mA基准串联一个7.3 kΩ的电阻模拟漏电。由于在模拟漏电时（开关功能正常）该断路器会动作分断，故该控制回路在此又被用于紧急停止。

微课15 交流安全桩原理

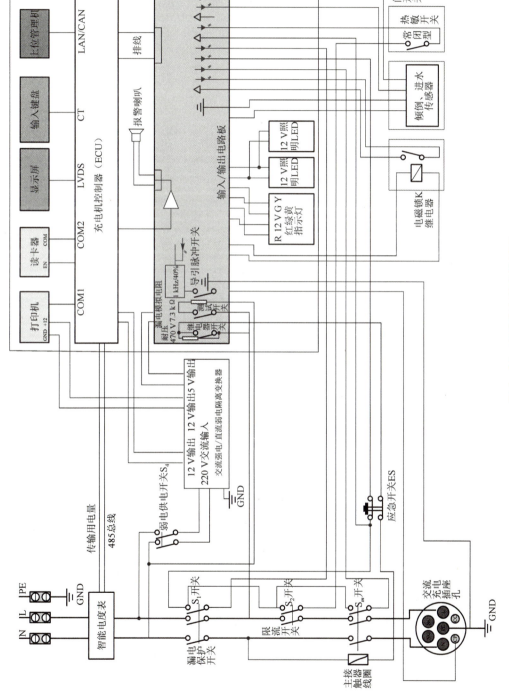

图 6-24 交流充电桩电路原理

表6-3 交流充电桩的I/O接口定义

1. DI(开关量输入)

开关量输入端口共8个：DI-7~DI-0；其中低4位为控制状态信号，高4位为故障状态信号

信号点名	柜门关闭好	进水倾斜正常	过流过热正常	漏电开关检测状态信号	急停开关正常	主接触器闭合	充电插头锁紧	充电缆连接好
设备状态	充电桩的门已关好	充电桩没有进水或倾斜	没有过电流或过温度	没有漏电故障	没有急停请求	充电进行中	充电桩上的充电插头已被锁紧	充电缆与汽车间的电缆已连接好
信号状态	接点闭合	接点闭合或为低电平	接点闭合	接点闭合	接点闭合	接点闭合	接点闭合	低电平
端口点名	DI-7	DI-6	DI-5	DI-4	DI-3	DI-2	DI-1	DI-0
信号属性	干接点	有源或干接点	干接点	干接点	干接点	干接点	干接点	有源接点

2. DO(开关量输出)

开关量输出端口共8个：DO-7~DO-0；其中低4位为动作控制，高4位为照明及状态指示

信号点名	故障红指示灯	充电桩黄指示灯	待机绿指示灯	操作照明灯	插头座电磁锁	连接检测	漏电开关检测	主接触器闭合
设备状态	充电桩出现故障报警在任何阶段均被点亮	充电桩状态正常，在进入充电阶段时点亮	充电桩状态正常，在待机和操作时点亮	提供夜晚操作时的照明，夜晚刷卡时点亮	充电过程中锁紧插头座，防止带负载插拔	检测充电桩与汽车间连接状态及充电信息	检测漏电开关或用作特别紧急停电手段	充电开始或充电进行中
信号状态	低电平	低电平	低电平	低电平	继电器接点	继电器通断40%定宽脉冲	继电器单脉冲动作操作	继电器接点
端口点名	DO-7	DO-6	DO-5	DO-4	DO-3	DO-2	DO-1	DO-0
信号属性	DC≤12 V	DC≤12 V	DC≤12 V	DC≤12 V	DC≤12 V	1 kHz/±12 V	AC 220 V	AC 220 V

（6）电磁锁功率较大，由两个继电器交叉极性脉冲瞬动后自锁，由于脉冲电流较大会对直流稳压电源产生冲击，故采用了电容预充电电路。

（7）照明 LED 为两个独立的电路单元，它采用白色 LED 由弱电系统的开关量输出电路直接驱动控制，即采用时间与刷卡操作进行控制。

（8）信号 LED 为一个独立的电路单元，它采用红色、黄色和绿色 3 种颜色的 LED，由弱电系统的开关量输出电路直接驱动控制，作为系统工作状态面对消费用户的直接信号显示。

四、弱电控制系统

弱电控制系统由电脑主板、I/O 接口板、液晶触摸屏、读卡器、打印机、喇叭、照明灯、信号灯组成。接口有信号采集、控制和与上位管理系统联网的 LAN 或 CAN 接口，并有备用的 USB、232 等接口。

系统内主板与各外设的供电由一个直流稳压电源统一完成。

弱电控制系统的交流电源由一个独立于充电回路的带漏电保护的断路器供电，在意外故障的情况下，充电回路所有开关全部动作时能保障弱电控制系统的正常供电，只有这样才能保证意外发生后该充电桩能够及时向上位管理系统发出报警信息。

用电的过流和过压是最大的潜在安全风险，因采用了多级过流控制，正常情况由软件对一般过流、较大过流进行报警或由分断接触器进行控制，很大的浪涌电流则有专设的 S_2 作实时分断，最坏情况下可以越级分断 S_1，这样可以保证在任何情况下（包括部分元件失效）都有及时分断事故的能力。

接触器 SM 经常在大电流时动作，从而可能发生触头粘连（虽然很少发生，但对于普通的驾驶员来说带电拔出插头的安全风险就增加了很多），充电桩可以通过软件对接触器的状态进行逻辑判别，再利用漏电测试电路直接分断 S_1，在确认 S_1 分断后才打开电磁锁，这样就增加了风险的防范能力。

第七节　直流充电管理

直流充电桩实物如图 6-25 所示。直流充电桩是通过内部 AC/DC 充电模块，将交流电转换成直流电，给电动汽车内的动力电池进行充电。功率等级：单枪 30 kW 或 60 kW，双枪 120 kW（两个 60 kW）；输出电压等级：DC 200~450 V 乘用车、DC 300~750 V 商用车、DC 200~750 V 通用型。

一、直流充电桩充电接口

直流充电枪接口如图 6-26 所示，它由 9 根线组成，分别如下。

(1) 直流电源线路：DC+、DC-，直流充电桩通过这两根线给电动汽车进行充电。

(2) 设备地线 PE：用于实现汽车车身和直流充电桩等电位。

(3) 充电通信线路：S+、S-，是 CAN 总线的一种写法，用于实现汽车 BMS 与充电桩控制器通信。

(4) 充电连接确认线路：CC1、CC2，用于实现充电插头插入插座连接完好。

(5) 低压辅助电源线路：A+、A-，用于在汽车 12 V 蓄电池不能工作时保证给汽车上的 BMS 等控制器和继电器等供电。

图 6-25 直流充电桩实物

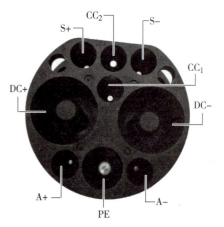

图 6-26 直流充电枪接口

二、充电控制流程

充电控制流程如图 6-27 所示，当电池没有故障时，具体充电流程如下：由充电桩管理部门发卡给要充电的用户，用户在充电机界面扫描授权，管理中心识别出卡的类型、用户等；授权通过后，用户插充电枪到电动汽车的充电插座上，进行充电枪的连接确认；确认连接后，充电桩内部的辅助电源给汽车上的电池供电，防止汽车上的蓄电池电量不足或充电过程中出现电量不足；电池管理系统被上电后，先与充电机控制器通信，控制直流充电隔离继电器闭合；充电机控制器初始化后，接收电池管理系统发送来的汽车的电池类型、电压、温度以及是否有故障等信息，通过充电控制模块确定适合当前电池类型和状态的充电模式。

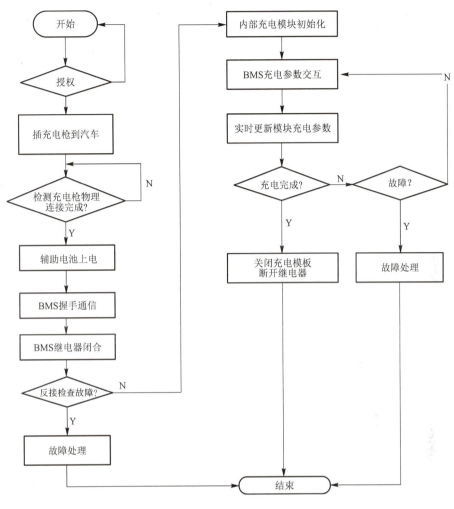

图 6-27　充电控制流程

[**汽车诊断**]　直流充电隔离继电器在比亚迪 E6 高压配电箱内有一个 DC+、DC- 与负极主继电器共用；在北汽 EV160 电子分配单元内 DC+、DC- 各有一个，与负极主继电器不共用；在吉利 EV300 中，这个继电器在电池箱内 BMS 控制单元下部的高压配电箱内有两个 DC+，其中一个带快充预充功能、DC- 与负极主继电器共用。

三、直流充电桩结构组成

直流充电桩的结构示意如图 6-28 所示。直流充电桩由充电模块、12 V 开关电源、24 V 开关电源、充电桩控制器、直流绝缘检测计量模块、智能电表和散热风扇等组成，其核心结构是充电模块和充电桩控制器。

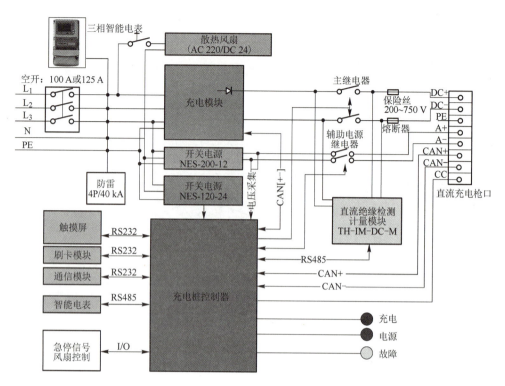

图 6-28 直流充电桩结构示意

四、直流充电模块

直流充电桩的充电功率很大，一般为几十到上百千瓦，直接由一个充电模块来完成这么大的充电功率是不可能的，所以充电桩内有多个直流充电模块并联。实际直流充电桩根据对外输出功率大小有不同的充电模块数目，通常为 8 个模块。能否研发出体积小、质量轻、效率高的充电桩也是电动汽车普及的关键，能减少充电模块的数目将是直流充电桩技术发展的一种象征。

直流充电模块由 APFC（自动功率因数校正模块）、DC/AC 逆变模块、高频变压器、AC/DC 整流模块、控制模块、CAN 通信控制模块、保护电路几部分组成，如图 6-29 所示。

(a)

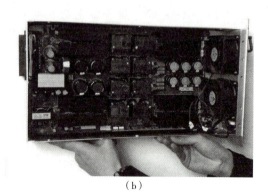

(b)

图 6-29 一个直流充电模块实物
(a) 上板；(b) 下板

直流充电模块内部的功能结构如图 6-32 所示,这里以一个充电模块为例作简单介绍。三相电 U、V、W 经过 APFC 校正后输出直流电,DC/AC 将直流电变换为交流电后通过 AC/DC 升压或降压(升压或降压取决于汽车中电池的电压是低于 380 V,还是高于 380 V)。图 6-30 中是一个直流充电模块的输出,直流充电桩由多个这样的模块并联输出。

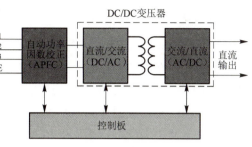

图 6-30 直流充电模块内部的功能结构

五、直流充电桩工作原理

直流充电桩模型如图 6-31 所示。该图左侧是非车载充电机(即直流充电桩),右侧是电动汽车,二者通过充电桩上的充电枪与车辆插座相连。图 6-31 中的开关 S 是充电枪上的一个常闭开关,与直流充电枪头上的按键(即机械锁)相关联,当按下充电枪头上的按键时,开关 S 即打开。而图 6-31 中的 U_1、U_2 是一个 12 V 上拉电压,$R_1 \sim R_5$ 的阻值标称都为 1 kΩ,R_1、R_2、R_3 在充电枪上,R_4、R_5 在车辆插座上。车辆控制装置在汽车上指电池管理系统,非车载充电机控制装置指直流充电机的控制器。K_3、K_4 左侧是 12 V 直流电源,用于给汽车上的 12 V 用电的电池管理系统、直流隔离继电器等供电,防止在汽车 12 V 蓄电池电量不足或在充电过程中出现电量不足而不能充电。

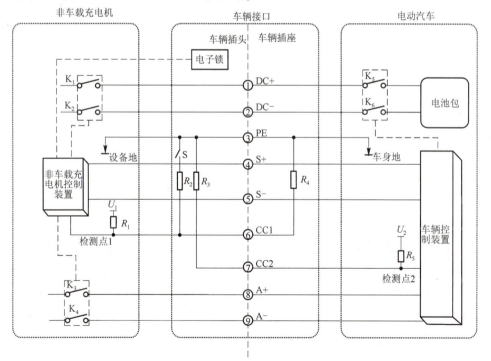

图 6-31 直流充电桩模型(参考 ZLG 致远电子)

1. 车辆接口连接确认阶段

当按下充电枪头按键时,将充电枪插入充电插座后,再放开枪头按键,如图6-32所示。充电桩内部的非车载充电机控制装置可检测到检测点1的电压变化。检测点1电压会从12 V→6 V→4 V连续变化,即当充电枪未插入汽车上充电插座时,CC1未接地,R_4无电流流过,同时充电枪的开关S断开,R_2无电流流过,这时检测点1电压为12 V。当充电枪插入充电插座,CC1接通,R_4有电流流过时,检测点1电压为6 V。当放开枪头按键时,R_2和R_4并联,阻值为0.5 kΩ,R_1为1 kΩ,所以检测点1电压为4 V。充电桩的非车载控制装置一旦检测到4 V电压,充电桩即判断充电枪插入成功,车辆接口完全连接,并将充电枪中的电子锁(若配有此装置)进行锁定,防止枪头脱落。

同时,CC2接通,R_3和R_5串联分12 V电压,检测点2的电压为6 V,电池管理系统判断充电枪插入到充电插座中。

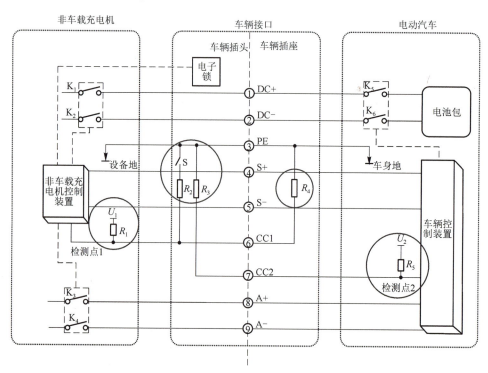

图6-32 车辆接口连接确认阶段示意

2. 直流充电桩自检阶段

直流充电桩自检阶段示意如图6-33所示,在车辆接口完全连接后,充电桩将闭合继电器开关K_3、K_4,使12 V低压辅助供电回路导通,为电动汽车控制装置电池管理系统供电。车辆电池管理系统得到供电后,将根据检测点2的电压判断车辆接口是否连接,若电压值为6 V,则车辆电池管理系统闭合K_1、K_2,进行绝缘检测。所谓绝缘检测,即检测DC+、DC-、PE之间线路的绝缘性能,保证后续充电过程的安全性。绝缘检测结束后,将投入泄放回路泄放能量,并断开K_1、K_2,同时开始周期发送通信握手报文。

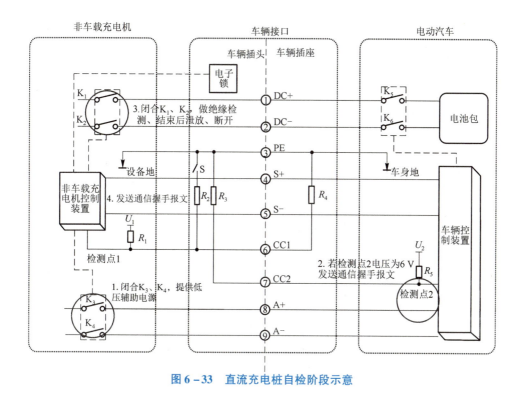

图 6-33 直流充电桩自检阶段示意

3. 充电准备就绪阶段

充电桩准备就绪阶段示意如图 6-34 所示。电动汽车与直流充电桩相互配置的阶段：车

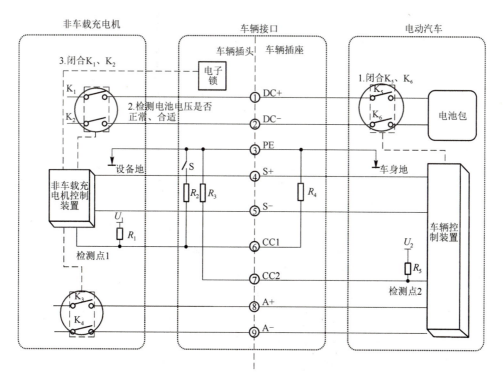

图 6-34 充电桩准备就绪阶段示意（参考 ZLG 致远电子）

辆控制 K_5、K_6 闭合，使充电回路导通，充电桩检测到车辆端电池向左侧流出的电压正常（电压与通信报文描述的电池电压误差不超过 ±5%，且在充电桩输出最大与最小电压的范围内）后闭合继电器开关 K_1、K_2，直流充电线路导通，电动汽车开始充电。

4. 充电阶段

充电桩充电阶段示意如图 6-35 所示。在充电阶段，车辆电池管理系统向充电桩充电控制装置实时发送电池充电需求的参数，充电桩会根据该参数实时调整充电电压和电流，并相互发送各自的状态信息，如充电桩输出电压和电流，车辆电池的电压、电流和 SOC 等。

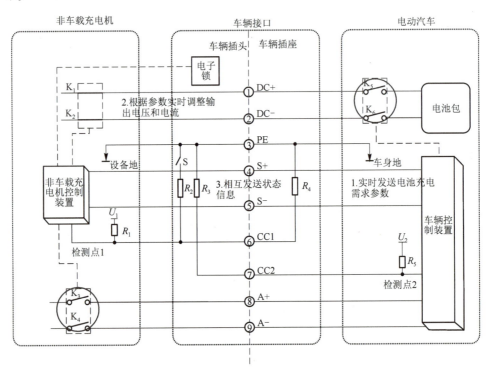

图 6-35　充电桩充电阶段示意

5. 充电结束阶段

充电桩充电结束阶段示意如图 6-36 所示。车辆会根据车辆电池管理系统是否达到充满状态或是否收到充电桩发来的"充电桩中止充电"报文来判断是否结束充电。满足以上充电结束条件时，车辆会发送"车辆中止充电"报文，在确认充电电流小于 5 A 后，电池管理系统断开继电器开关 K_5、K_6。充电桩在达到操作人员设定的充电结束条件，或者收到汽车发来的"车辆中止充电"报文后，会发送"充电桩中止充电"报文，并控制充电桩停止充电，在确认充电电流小于 5 A 后断开 K_1、K_2，并再次投入泄放电路，然后充电桩控制装置再断开继电器开关 K_3、K_4，停止向汽车供给 12 V 电压。

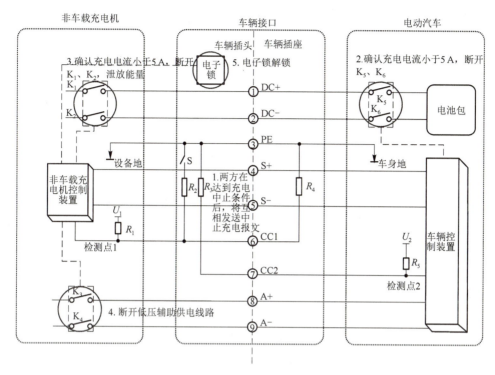

图 6-36 充电桩充电结束阶段示意

六、直流充电桩不充电的故障诊断

1. 充电机中止充电报文

开始能充电，后来中断充电。当读取车辆电池管理系统有充电机发过来的停止充电报文时，说明充电机已将 K_1、K_2、K_3、K_4 断开了，这时不能充电，应在充电桩上找出充电中断的原因。

2. 充电桩和电池管理系统通信超时

当出现通信超时，电池管理系统不能将汽车电池实时信息整理出来的应充电电压和电流发送给充电桩的控制单元时，则在 10 s 内将 K_1、K_2、K_5、K_6 全部断开，临时停止充电，并等待通信成功。若连续 3 次通信中断，则在 10 s 内将 K_1、K_2、K_3、K_4、K_5、K_6 全部断开，彻底停止充电。

3. 充电电压超过车辆最高允许电压

充电桩直流充电模块的限压功能失效会导致充电电压超过车辆最高允许电压，此时会在 1 s 内断开 K_1、K_2、K_3、K_4。

4. 充电枪开关 S 由闭合变为断开

在充电过程中，当充电枪开关 S 由闭合变为断开时，充电桩检测点 1 的电压为 6 V，不会下降到 4 V，这时充电桩的直流充电模块在 50 ms 内将输出电流降至 5 A 或以下。

5. 充电枪意外断开

当车辆意外移动或充电枪脱出插座时，充电桩内的检测点 1 检测到电压为 6 V 或 12 V，而不是 4 V，充电桩侧控制 K_1、K_2、K_3、K_4 断开。

第八节　充电过程控制

一、直流充电原理

吉利 EV300（2017 年款）直流充电控制原理如图 6-37 所示。

具体原理如下：直流充电枪插入车上直流充电座中，CC2 经 K2 接地，电池管理系统唤醒。三相交流电 L1、L2、L3 进入直流充电桩的直流充电模块准备向外输出直流电，三相交流电中的中一相经 AC/DC/DC 转换为 12 V 直流电，通过 A+和 A-为电池箱内的电池管理系统供电，这样设计的目的是防止车上 12V 蓄电池在充电过程中的电压下降。如果车上动力电池管理系统检查没有电池故障，则电池管理系统输出一个最适合当前的充电控制目标电流值经 CAN 总线送至直流充电桩控制单元，双继电器 K_1 闭合，DC+和 DC-给动力电池供电，直流桩控制单元控制直流充电模块输出一个电压，这个电压形成的电流是控制目标电流数值。

安全措施：直流充电桩时刻监测交流的火线电缆和直流的正、负电缆对 PE 的绝缘情况，若绝缘下降，则 K_1 断开停止充电。

二、交流充电过程

1. 充电唤醒控制

充电唤醒控制过程如图 6-38 所示，其原理如下。

步骤 1：电池管理系统（或为电池管理系统与充电口通信增加的充电辅助控制模块（ACM）信号）的充电连接信号 CC。步骤 1.1：电池管理系统或充电辅助控制模块被 CC 经充电枪内下拉电阻接地唤醒。步骤 1.2：车载充电机被唤醒。

步骤 2：电池管理系统或充电辅助控制模块检查是否有故障。如无故障，则通过总线向车载充电机发送充电电压控制值；如循环检测有故障或电池已满，则发送停止充电控制命令。步骤 2.1：车载充电机接收电池管理系统来的充电电压控制目标。步骤 2.2：控制高压上电继电器组开关闭合，接收来自车载充电机的充电电流。

步骤 3：接收到总线的停止充电信号，执行步骤 3.1。步骤 3.1：控制高压上电继电器组开关断开，停止接收来自车载充电机的充电电流。

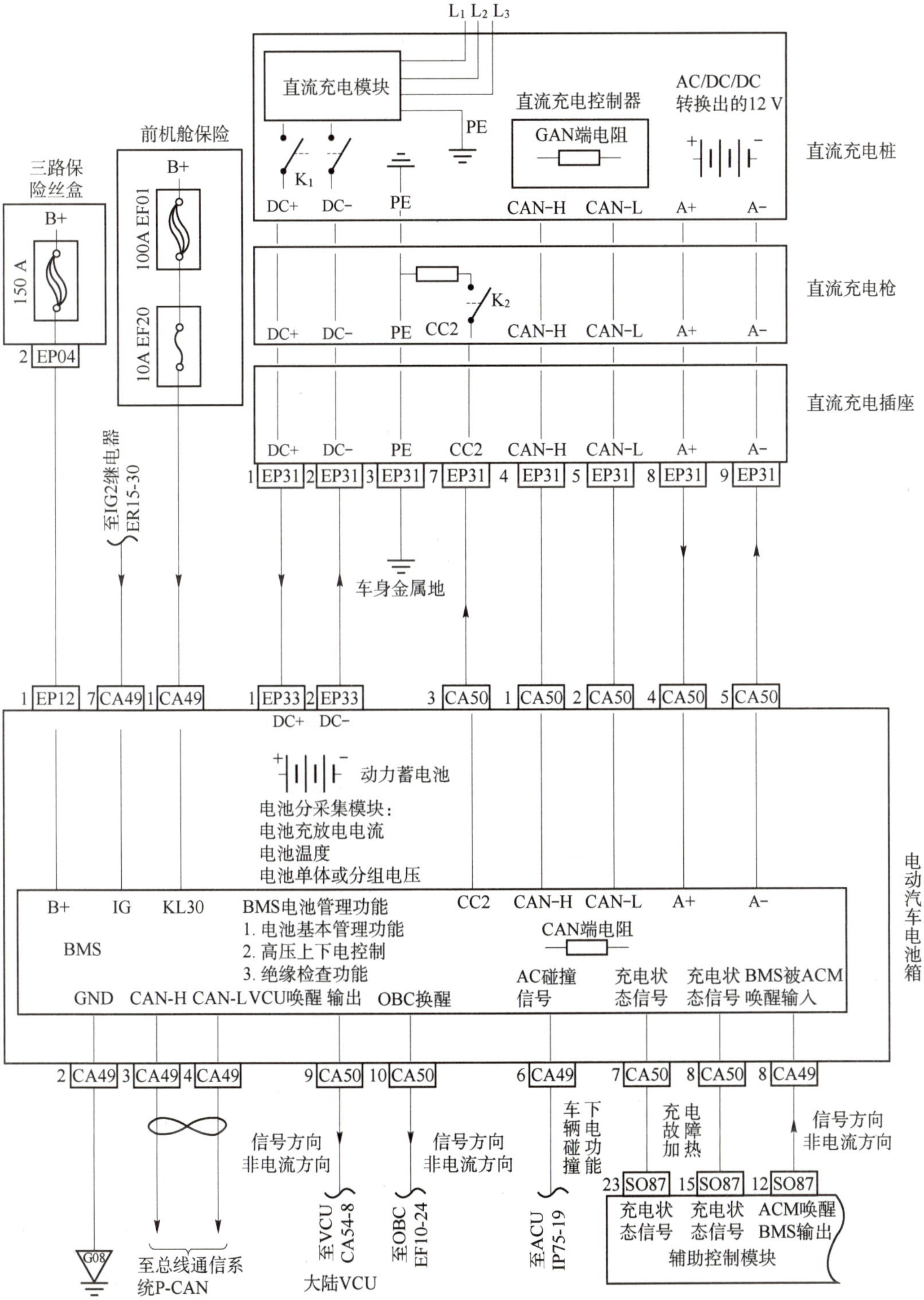

图 6-37 吉利 EV300（2017 年款）直流充电控制原理

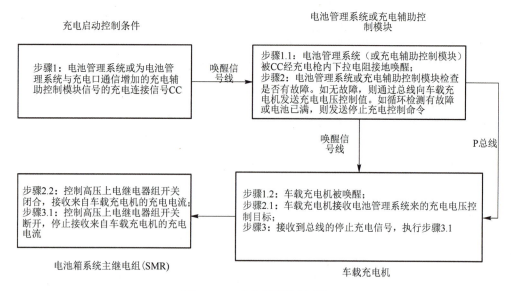

图 6-38 充电唤醒控制过程

2. 交流充电控制

交流充电控制过程如图 6-39 所示,其原理如下。

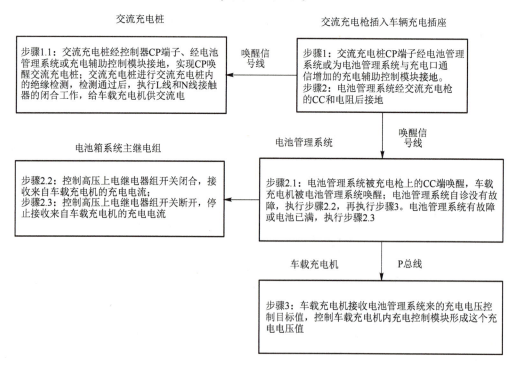

图 6-39 交流充电控制过程

交流充电枪插入车辆充电插座。步骤1：交流充电桩CP端子经电池管理系统或为电池管理系统与充电口通信增加的充电辅助控制模块接地。步骤1.1：交流充电桩经控制器CP端子、经电池管理系统或充电辅助控制模块接地，实现CP唤醒交流充电桩；交流充电桩进行绝缘检测，检测通过后，执行L线和N线接触器的闭合工作，给车载充电机提供交流电。

步骤2：电池管理系统经交流充电枪的CC和电阻后接地。步骤2.1：电池管理系统被充电枪上的CC端唤醒，车载充电机被电池管理系统唤醒；电池管理系统自诊没有故障，执行步骤2.2，再执行步骤3。电池管理系统有故障或电池已满，执行步骤2.3。步骤2.2：控制高压上电继电器组开关闭合，接收来自车载充电机的充电电流。步骤2.3：控制高压上电继电器组开关断开，停止接收来自车载充电机的充电电流。（注：利用变频器逆变桥续流二极管作单相或三相整流再升压的具有车载充电机功能的变频器还有交流充电隔离继电器控制，在交流充电时此继电器实现输出的直流段闭合，在不充电时断开，防止电池的直流和变频器产生相互影响。）

步骤3：车载充电机接收电池管理系统的充电电压控制目标值，控制车载充电机内充电控制模块形成这个充电电压值。

三、直流充电控制

直流充电控制过程如图6-40所示，其原理如下。

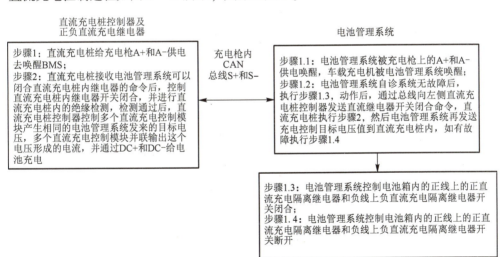

图6-40　直流充电控制过程

步骤1：直流充电桩给充电枪A+和A-供电去唤醒电池管理系统；步骤1.1：电池管理系统被充电枪上的A+和A-供电唤醒，车载充电机被电池管理系统唤醒。步骤1.2：电池管理系统自诊系统无故障后，执行步骤1.3，动作后，通过总线向左侧直流充电桩控制器发送直流继电器开关闭合命令，直流充电桩执行步骤2，然后电池管理系统再发送充电控制目标电压值到直流充电桩内，如有故障执行步骤1.4。步骤1.3：电池管理系统控制电池箱内的正线上的正直流充电隔离继电器和负线上负直流充电隔离继电器开关闭合。步骤1.4：电池管理系统控制电池箱内的正线上的正直流充电隔离继电器和负线上负直流充电隔离继电器开关断开（注：对于有的电动汽车，直流充电隔离继电器只在正负线路上取一个线路设计。）。

步骤2：直流充电桩接收电池管理系统可以闭合直流充电桩内继电器的命令后，控制直流充电桩内继电器开关闭合，并进行直流充电桩内的绝缘检测，检测通过后，直流充电桩控制器控制多个直流充电控制模块产生相同的电池管理系统发来的目标电压，多个直流充电控制模块并联输出这个电压形成的电流，并通过DC＋和DC－给电池充电。

第七章

电池管理系统故障分析

一辆 2017 年 5 月出厂的吉利 EV300 纯电动汽车，踩下制动踏板，按一键起动开关时无法上电，仪表中有一个红色的蓄电池符号，同时旁边带有一个感叹号。另外一个车的图案中间也有一个感叹号，经诊断仪诊断为整车控制器与电池管理系统通信记数超差（即没有收到 CAN 通信信号）。

如果你是接车的修理技术人员，应如何找出上述故障的原因？修理方案应如何制订？

（1）能说出电池箱内可以监测的电池故障。
（2）能画出或在仪表上指出电池箱内电池有故障时的故障指示灯的图形。
（3）能画出电池管理系统的电路图。
（4）能画出电池管理系统的系统原理图。

（1）能利用诊断仪读取电动汽车电池管理系统的输入数据。
（2）能利用诊断仪读取电动汽车电池管理系统的输出数据。
（3）能利用诊断仪驱动电动汽车电池管理系统的执行器。
（4）能利用诊断仪排除电动汽车电池管理系统的故障。

第一节　电池管理系统故障诊断

一、故障现象

仪表上的电池管理系统故障灯（带有感叹号的蓄电池符号）点亮，如图 7-1 所示，有时会伴随有车辆管理控制单元故障灯点亮，起动后可以上电，有时也会在上电一段时间后自动退回到点火挡。

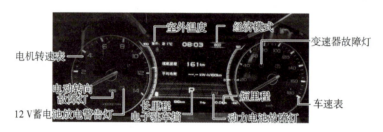

图 7-1　吉利纯电动汽车电池管理系统的故障现象

二、进入自诊断

电池管理系统故障灯点亮，说明电池管理系统控制单元内部存在故障码，因此先按故障码指示的思路诊断。

（1）使用诊断仪与车辆诊断接口相连接，如图 7-2 所示。

（2）踩制动踏板，长按供电开关（SSB），完成点火，此时无法实现上电就绪（起动）操作。

图 7-2　使用诊断仪与车辆诊断接口相连接

三、诊断过程

【技师指导】应分析是电池箱内的电池有故障,还是电池管理系统的传感器、继电器或绝缘有故障。不要轻易打开电池箱,因为电池箱拆开之后会有密封性问题。

1. 电池箱内的电池有故障

若是电池电芯电压不一致,超过允许范围,一定要再次通过数据流确认故障;对于出厂几年就出现电芯老化故障码,可能是偶发的,会自动消除;若是真实电芯故障,通过数据流与新车数据流比较,电池的电压、内阻会有变化。

2. 电池管理系统传感器有故障

根据故障码确认故障点,测量传感器供电和搭铁的电源正常后,采取更换措施即可。

【技师指导】有些技师想通过比较同款车型在同一工况下的电流值来判别电流传感器的好坏,实施后发现失败。甚至有的技师为了测量准确,两辆车用同一铅酸电池,在两车上用同种类型的负载作测试,如大灯、空调鼓风机或PTC加热器等。该想法是好的,但结果却总是失败,原因是在这种情况下,高压上电继电器是断开的,流经电流传感器的电流是不存在的,因此无法进行比较。

3. 高压继电器故障

对有故障的高压继电器进行在线供电检测,即给线圈通电,测量开关的电阻值应为0。

4. 绝缘有故障

先确认绝缘故障在电池箱内还是电池箱外。如果绝缘故障在电池箱内,则应抬下电池箱,拆开电池箱进行详细检查;如果绝缘故障在电池箱外,按线路本身和高压元件本身进行绝缘检查。

第二节 更换电池的作业过程

一、拆装蓄电池电池箱的要点

典型的电池箱拆开步骤如下。

关闭点火开关,如图7-3所示,车上的控制单元处于对执行器的断电状态,高压配电箱的继电器组线圈断电,继电器触点开关断开。但从安全角度,即控制单元严禁带电插拔的角度来看,还要断开12 V铅酸电池,如图7-4所示。当断开12 V铅酸电池对全车的供电后,全车的执行器全部断电,高压配电箱中的供电继电器组也断电,所以在这种情况下操作高压配电箱输出的高压网络是绝对安全的,特别是针对无检修塞的某些国产电动汽车。

图7-3 关闭点火开关

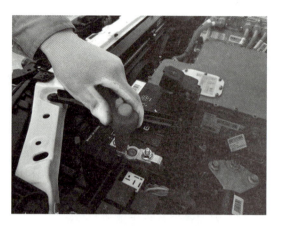

图7-4 断开12 V铅酸电池

为了更安全起见,防止高压继电器组出现触点粘连,可在高压蓄电池中间串联带有保险丝的检修塞。这样,关闭点火开关或断开蓄电池仍不能使高压配电箱中的继电器组断电时,可人工取下检修塞断电,如见图7-5所示,以上是设计检修塞的原因。

在实际高压检查中必须带电检查时,检修塞是不能取下的,此时要有手套、电工鞋和护目镜的高压防护。但在拆开高压部件或从高压网络上拆下某高压部件时一定要取下检修塞,并等待变频器中的高压电容放电后方可进行高压作业,取下检修塞后的电池箱外部高压网络无高压,此时作业不用高压防护。

放掉冷却系统的防冻液,如图7-6所示。在放掉冷却系统的防冻液前,要确认冷却系统是否带有热交换器,如吉利EV300电动汽车的冷却系统有热交换器,放掉冷却液时要确认是否是流经电池的冷却液,以免把空调暖风的冷却液放掉,而造成不必要的液体损失。

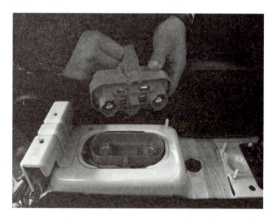

图7-5 人工取下检修塞

图7-6 放掉冷却系统的防冻液

断开前、后电池箱外部的冷却液管、地线的高压线束、低压控制线束分别如图7-7、图7-8所示。通常这些连接是不会装错的,但要有一定的层次,可在断开前用手机拍照作为恢复的依据。

拆下电池箱和车身的连接,用电池举升车托住电池箱,如图7-9所示,小心降下举升车。要注意拆下电池的车身是否有因重心而移动的现象,避免举升车出现翻倒的情况,如

图 7-10 所示。

图 7-7　断开前电池箱的冷却液管、
高压线束和低压控制线束

图 7-8　断开后电池箱的冷却液管、高压线束和
低压控制线束

图 7-9　放好动力电池举升车

图 7-10　拆下电池的车身

二、拆装过程

电池箱内部的拆装过程如图 7-11～图 7-16 所示。

图 7-11　装上检修塞防护罩盖（白色）

图 7-12　拆下上盖沉头螺栓

图7-13 拆下上盖螺栓并抬起上盖后部向前推

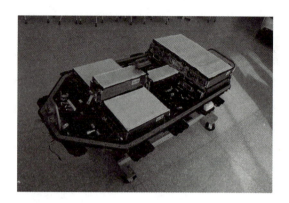

图7-14 拆下上盖的电池箱

图7-15 取下有故障的电池组

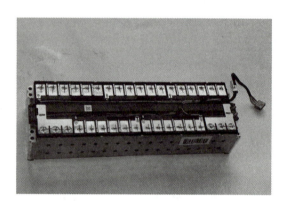

图7-16 更换新电池组

三、电池箱组装要点

由于电池箱工作在振动、涉水、沙尘、泥水及冷热环境中,因此密封、力矩、原位捆绑、防接触隔离等是其组装的关键点。

力矩:高压电缆经过的连接点的力矩必须达到厂家要求,如图7-17所示,不得有丝毫马虎。高压电缆经过的连接点的力矩包括高压配电箱上的继电器与电缆之间、电池组与电池组之间、检修塞座与电缆之间等。

原位捆绑:电池与信号采集模块之间的线束连接必须牢固,每个采集模块的固定情况都要分别检查,可用手拉一拉模块看是否有很大的运动量,当运动量大时需重新固定。在电池箱周围与电池箱壳体可能发生碰触或磨损的地方有专门的绝缘胶布来固定线束和防磨损,这些胶布的位置要用手机拍照,在安装后在原位置粘回胶布。固定线束的锁紧器(勒死狗)位置应确保原车在哪固定,其就应在哪固定。

电池上盖的内衬布本应与上盖内表面贴合,但实际有脱离,如图7-18所示,在盖上盖时会与控制线束或高压电缆线束有碰触。上盖与电池下托板间的密封条不能有损坏,一旦检查有损坏应及时更换再安装。

图 7-17 关键点的螺栓力矩

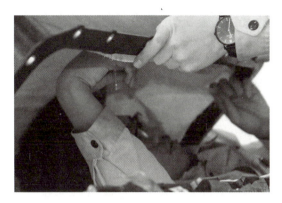

图 7-18 上盖内衬布从上盖上剥离处理

第三节 电池管理系统数据流

图 7-19~图 7-26 为电池管理系统数据（翻译略）。

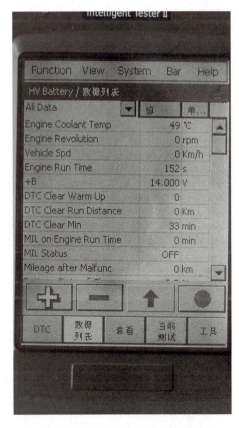

图 7-19 电池总线 CAN 数据

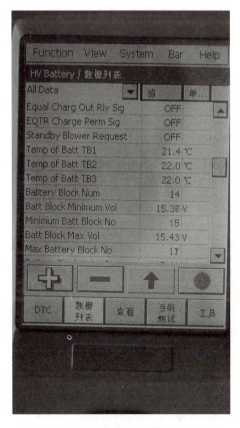

图 7-20 电池管理继电器及温度数据

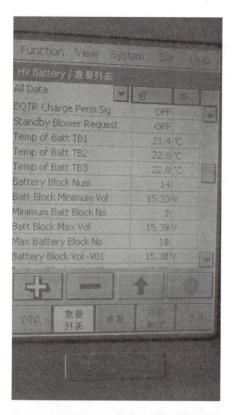

图7-21 电池管理最大、最小电压数据

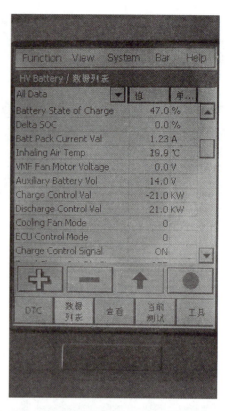

图7-22 电池SOC/电流/温度/充放电管理数据

图7-23 镍氢电池电压数据

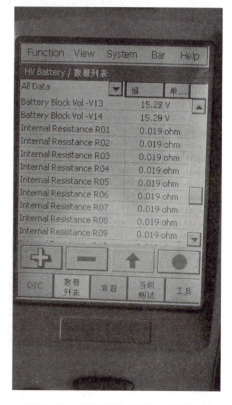

图7-24 镍氢电池电压和内阻数据

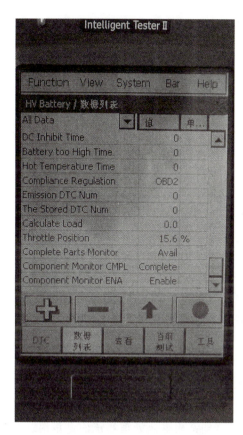

图 7-25　镍氢电池内阻数据及 CAN 数据　　图 7-26　镍氢电池总线 CAN 数据

第八章

典型纯电动汽车电池管理系统

一辆 2017 年 5 月出厂的吉利 EV300 纯电动汽车，踩下制动踏板，按一键起动开关时无法上电，仪表中有一个红色的蓄电池符号，同时蓄电池符号上带有一个感叹号。另外一个车辆形状的图案中间也有一个感叹号。

如果你是接车的修理技术人员，应如何找出上述故障的原因？修理方案应如何制订？

（1）能说出电池箱内哪些电池故障可以监测。
（2）能画出或在仪表上指出电池箱内电池有故障时的故障指示灯的图形。
（3）能画出电池管理系统的电路图。
（4）能画出电池管理系统的系统原理图。

（1）能利用诊断仪读取电动汽车电池管理系统的输入数据。
（2）能利用诊断仪读取电动汽车电池管理系统的输出数据。
（3）能利用诊断仪驱动电动汽车电池管理系统的执行器。
（4）能利用诊断仪排除电动汽车电池管理系统的故障。

第一节 吉利 EV300 电池管理系统

一、电池管理系统功能

吉利 EV300 电池箱如图 8-1 所示，该电池箱上侧写有 CATL 的黑盒为电池管理系统，电池管理系统下侧为高压配电箱。

1. 温度控制功能

通过对热的电池箱制冷或对冷的电池箱加热,以控制电池箱温度在一定范围内,保持电池箱内电池具有良好的充电和放电能力。

在一定时间内,若电池箱温度仍不能被控制到正常温度范围,电池管理系统则通过变频器对电动机进行限流,并生成故障码存储在系统中,同时点亮仪表故障灯。

2. 高压配电箱继电器控制和诊断功能

电池箱内通常设计有高压配电箱,配电箱内有控制电池直流输出的继电器、直流充电隔离继电器等,这些继电器由电池管理系统控制,同时这些继电器的诊断也由电池管理系统完成。其内部电池管理系统 ECU 实物如图 8-2 所示,电池管理系统 ECU 上两端口为继电器开关监测端口。

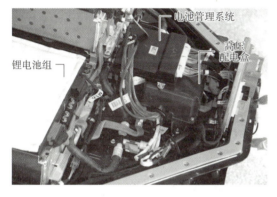
图 8-1 吉利 EV300 电池箱

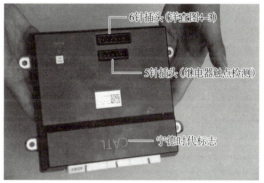
图 8-2 电池管理系统 ECU 实物

电池管理系统如图 8-3 所示,用于对供电继电器组和充电继电器组进行控制和故障监测。吉利 EV300 高压网络如图 8-4 所示。

图 8-3 电池管理系统

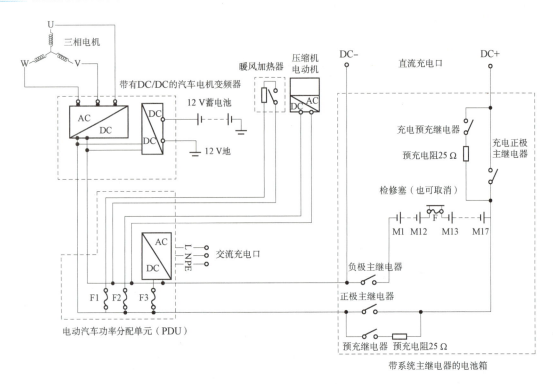

图 8-4 吉利 EV300 高压网络（右下侧虚线框内 5 个开关为继电器开关，继电器线圈部分略）

3. SOC 计算

电池串联充电，各电池电流相同；电池串联放电，各串联电池放电电流也相同。电池管理系统通过电池总电压确定一个初始容量值，并根据充电和放电的电流积分来确定以后的容量是下降，还是上升了。同时，生成故障码存储在电池管理系统，并点亮仪表的故障灯。

4. 电池电压和温度测量功能

利用电池组的电压采集模块采集电池电压和电池温度。车身右侧电池组温度和电池单体电压监测模块，共有 4 个模块，即 CSC1、CSC5、CSC6、CSC9，如图 8-5 所示。车身左侧电池组温度和电池单体电压监测模块，共有 5 个模块，即 CSC2、CSC3、CSC4、CSC7、CSC8，如图 8-6 所示。

图 8-5 车身右侧电池组温度和电池单体电压监测模块（4 个）

图 8-6 车身左侧电池组温度和电池单体电压监测模块（6 个）

5. 电池故障诊断功能

电池管理系统根据电池组的监测模块传递过来的相应电池组的电池单体电压、电池组的温度，通过电池电缆的电流计算电池是否处于故障状态。若单体电池或单组电压过高或过低，以至于超过偏差上下限，则生成故障码存储在电池管理系统，并点亮仪表的故障灯。

电池管理系统还可以检查电池的正极和负极与车身的绝缘电阻是否正常。

电池组单体电压和温度监测模块如图 8-7 所示，左侧黑色端口用于控制和通信，右侧黄色端口连接两个电池组的电压和温度信号线。

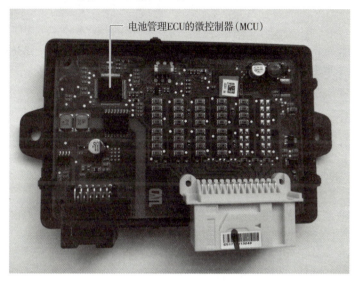

图 8-7　电池组单体电压和温度监测模块

6. 信息共享功能

将 SOC、电池电压、电池电流和诊断数据等加载到总线上去。

二、电池箱温度管理系统

由于锂离子电池在低于 -10 ℃或高于 60 ℃时较难工作，因此电动汽车设计有一套电池温度管理系统，用于保证锂离子电池在充电和放电时的正常工作。

1. 锂离子电池冷却

吉利 EV300（2017 年款）电动汽车的电池箱防冻管，防冻液左进右出，如图 8-8 所示。电池的制冷和制热通过图 8-9 所示的两个热交换器来完成，左侧为电池加热，右侧为电池冷却。

电池箱中防冻液的流动路径如图 8-10 所示。电池的加热过程如下：电池储液罐内的防冻液经车底下侧的电池温控冷却液泵加压后经过电池热交换器，由于 PTC 加热器没有向电池热交换器提供热的防冻液，所以防冻液温度不变。防冻液继续流动经过电池冷交换器，自动空调的制冷剂流经电池冷交换器，防冻液温度传递给制冷剂，防冻液温度降低，防冻液流经装有进水温度传感器的电池进管，经 M16、M17 电池组进入加热器，经 M1、M14、M13 电池组回流到电池温控冷却液泵入口处，形成一个循环。M1～M17 为锂离子电池组，包括 3P5S 和 3P6S 两种。

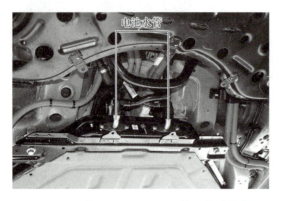

图 8-8 吉利 EV300（2017 款）电动汽车电池箱冷却液管

图 8-9 热交换器

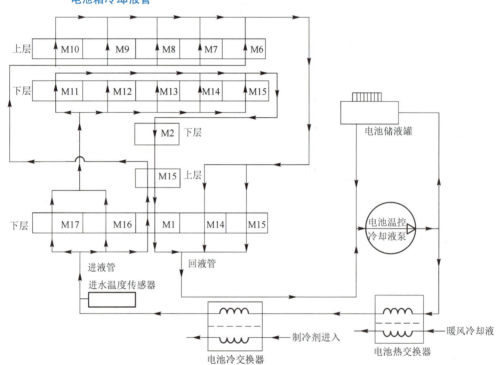

图 8-10 电池箱中防冻液的流动路径

当液体中有气体时，气体从电池温控冷却液泵的出口向上被导入电池储液罐上部。

2. 锂离子电池加热

电池的加热过程如下：电池储液罐内的防冻液经车底下侧的电池温控冷却液泵加压后经过电池热交换器，PTC 加热器工作向电池热交换器提供热的防冻液，热交换后，升高温度的防冻液继续流动经过电池冷交换器，自动空调的制冷剂不流经电池冷交换器，没有冷热交换过程。热的防冻液流经装有进水温度传感器的电池进管，经 M16、M17 电池组加热器进入，经 M1、M14、M15 电池组回流到电池温控冷却液泵入口处，形成一个循环。

当液体中有气体时，气体从电池温控冷却液泵的出口向上被导入电池储液罐上部。

3. 电池温度管理系统诊断

电池管理系统根据电池箱电池组上安装的温度传感器、电池箱进口温度传感器判断电池箱温度是否正常,不正常时通知起动制冷空调或 PTC 加热器工作。电池的温度控制执行器有:(1) 制冷的空调压缩机和制冷剂切换阀;(2) PTC 加热器;(3) 电池温控冷却液泵。

可通过诊断仪读取温度传感器数值,判断 PTC 加热器是否起动了加热,同时电池温控冷却液泵是否实现了循环。

三、系统电路图

吉利 EV300 系统电路如图 8 - 11 所示。吉利 EV300 电池管理系统位于电池箱内部,18 个电池组采用 9 个电池控制单元分别采集单体电池电压 U、电池组的温度 T 和串联的工作电流 I,其功能如下。

1. SOC 计算

利用电池总电压、动态充放电的电流和温度估计实际的瞬时电量。

2. 电池内阻计算

利用单个电池电压和串联电池的电流可计算出各个单体电池的内阻,作为电池电芯是否正常的判断依据。

【技师指导】吉利 EV300 电流传感器安装在电池箱内的高压配电箱内部,电流传感器通过 CA50/9、CA50/10、CA50/11、CA50/12 与电池管理系统相连。其中,一正源、一负源、一信号、一接地。

3. 电池箱电池温度的监测

对电池箱温度进行监测,作为充电和放电的控制依据。

【技师指导】吉利 EV300 的每组电池装有两个温度传感器,电池组共 18 组,由于采样点过多,共采用了 9 个采样控制单元分别对各组电池的单体电池电压、温度进行采集。9 个采样控制单元通过电池管理系统的总线输出给电池管理系统。

【特别注意】厂家生产的吉利 EV300 系统电路如图 8 - 11 所示,其没有提供 9 个采样控制单元通过 CAN 总线输出给电池管理系统的电路图,只给出了电池管理系统输出在电池箱外部的电路。

4. 高压配电控制

对高压配电箱的高压继电器组进行控制,实现电池箱电池对外供电(上电)和断电(下电)的控制。

【特别注意】厂家没有提供电池箱内高压配电箱的控制电路图,该部分原理见第三章。

5. 自诊断功能

对电池管理系统的传感器和执行器进行自诊断,如果有故障,则存储故障码并点亮故障灯。

6. 充电控制

充电控制分为交流充电控制和直流充电控制。

1)交流充电控制

交流充电桩的充电枪插入车辆的充电接口后,由充电枪端的 CC 端唤醒充电辅助控制模块,充电辅助控制模块唤醒电池管理系统,电池管理系统唤醒车载充电机和车辆控制单元。CP 实现充电桩内交流接触器的闭合控制,CP 回路是通路时,充电桩内交流接触器闭合;CP 回路是断路时,充电桩内交流接触器断开。CP 回路是通路还是断路取决于充电辅助控制模块的控制。

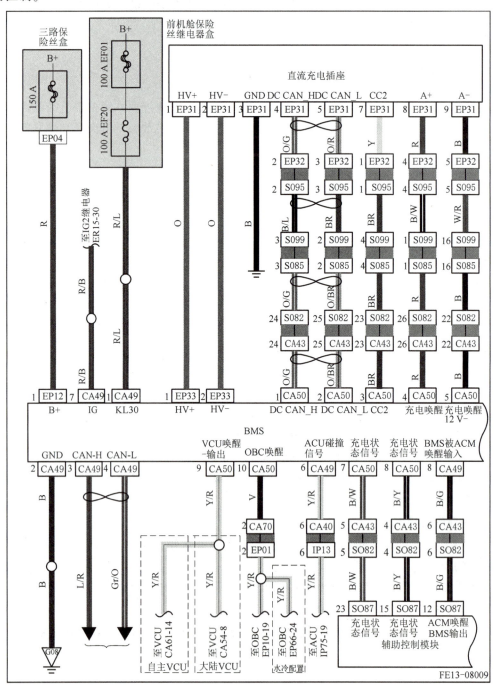

图 8-11 吉利 EV300 系统电路

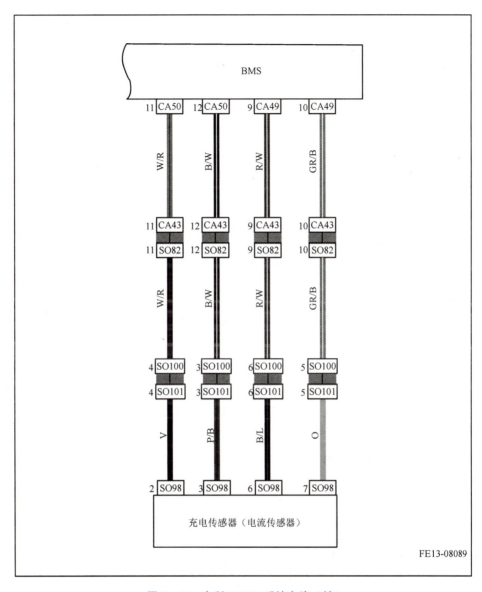

图 8-11　吉利 EV300 系统电路（续）

2）直流充电控制

直流充电接口的 A+ 和 A- 端用于唤醒电池管理系统，直流充电口 CC2 端用于确认充电连接，电池管理系统通过 CAN 总线与外界的直流充电桩进行通信，实现电池管理系统对直流充电桩的充电电压的控制。当电池管理系统检测到系统有故障时，对直流充电桩发出停止充电的控制。

7. 绝缘检测

绝缘检测工作由电池管理系统完成，利用总高压蓄电池始端正极和末端负极接至电池管理系统的脉冲正极 TEST 构成高压回路，并与 GND 形成检测电路。

8. 交流充电接口温度检测

充电辅助控制模块通过在充电接口处接一个热敏电阻来检测充电枪因接触电阻产生的温升，当温度过高时，充电辅助控制模块通知电池管理系统，电池管理系统通知车载充电机降电流充电或停止充电。

9. P–CAN 动力总线

P–CAN 动力总线是高速总线，通过车辆控制单元与 B–CAN 总线（车身电器总线）相互交换信息。

10. 充电状态信号

充电辅助控制模块和电池管理系统的专用通信线传输充电状态信号。

第二节　比亚迪 E6 电池管理系统

比亚迪 E6 的电池管理系统控制单元位于后备厢，电池管理系统的输入有电池组总电压 U、工作电流 I、电池温度 T。

比亚迪 E6 的电池管理系统电路如图 8–12 所示，其功能如下。

1. SOC 计算

利用电池总电压、动态充放电的电流和温度估计实际的瞬时电量。

2. 电池内阻计算

利用单个电池电压和串联电池的电流可计算出各个单体电池的内阻，作为电池电芯是否正常的判断依据。

【技师指导】比亚迪 E6 的电流传感器安装在高压配电箱内部，通过 A27（+15 V）和 A27（-15 V）供电，A26 作为信号输出。

3. 电池箱电池温度的监测

对电池箱温度进行监测，作为充电和放电的控制依据。

【技师指导】比亚迪 E6 的电池组共 10 组电池，每组电池有两个温度传感器，由于采样点过多，共采用了 10 个采样控制单元分别对各组电池的单体电压、温度进行采集。10 个采样控制单元通过电池管理系统的总线输出，输出经过电池箱外部的插座和插头后进入电池管理系统的 CAN–H（C8）、CAN–L（C1）。C7 和 C26 为电池箱里的 10 个控制单元供电。

4. 高压配电控制

对高压配电箱的高压继电器组进行控制，实现电池箱电池对外供电（上电）和断电（下电）的控制。

【技师指导】比亚迪 E6 的高压配电箱的继电器线圈受电池管理系统控制，如主接触器（A9）、主预充接触器（A17）、交流充电接触器（A33）、DC/DC 预充接触器（A24）、DC/DC 接触器（A34）。

下电处理控制包括绝缘检测时检测到负极电缆对车身绝缘下降，通过 LDIN1、LDIN2 给电池管理系统信号进行下电处理；汽车发生碰撞，安全气囊弹出，安全气囊传过来的下电信

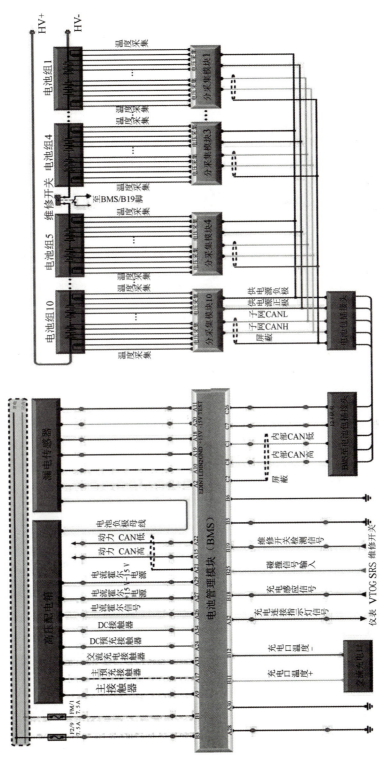

图 8-12 比亚迪 E6 纯电动汽车电池管理系统电路

号通过 B25 进行下电处理；在室内的检修塞被取下时，对高压进行互锁的电路 B19 起作用，进行互锁下电处理。

5. 自诊断功能

对电池管理系统的传感器和执行器进行自诊断，如果有故障，则存储故障码并点亮故障灯。

6. 充电控制

对充电指示灯进行控制。

7. 绝缘检测

绝缘检测工作由漏电传感器来完成，高压蓄电池的负极接至漏电传感器，与电池管理系统的脉冲正极 TEST 构成高压回路，并与 GND 形成检测电路。LDIN1 和 LDIN2 确定绝缘电阻的电阻大小等级。

8. 交流充电口温度检测

通过 A11（＋）和 B12（－）在充电口处接有一个热敏电阻来检测充电枪因接触电阻产生的升温，当温度过高时，电池管理系统通知车载充电机降电流充电或停止充电。

第九章

典型混合动力汽车电池管理系统

一辆2005年出厂的日本丰田普锐斯混合动力汽车报电池管理系统第4组电池模块内阻高。

如果你是接车的修理技术人员，应如何找出上述故障的原因？修理方案应如何制订？

(1) 能说出电池箱内哪些电池故障可以监测。
(2) 能画出或在仪表上指出电池箱内电池有故障时的故障指示灯的图形。
(3) 能画出电池管理系统的系统原理图。
(4) 能画出电池管理系统的电路图。

(1) 能利用诊断仪读取电动汽车电池管理系统的输入数据。
(2) 能利用诊断仪读取电动汽车电池管理系统的输出数据。
(3) 能利用诊断仪驱动电动汽车电池管理系统的执行器。
(4) 能利用诊断仪排除电动汽车电池管理系统的故障。

第一节　丰田普锐斯第二代电池管理系统

一、系统主要部件

丰田普锐斯第二代电池管理系统的电池箱结构如图9-1所示。

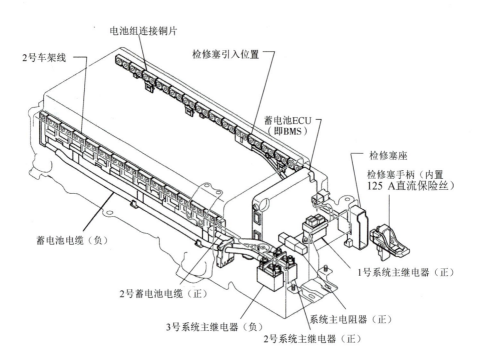

图 9-1 丰田普锐斯第二代电池管理系统的电池箱结构

二、电池管理系统网络结构

混合动力蓄电池系统的主要作用是通过蓄电池 ECU 监控 HV 蓄电池总成的状况,并将此信息传送给 HV-ECU。此外,混合动力蓄电池系统控制蓄电池鼓风机电动机控制器,使 HV 蓄电池总成的温度保持在适当的范围内。

蓄电池 ECU 使用 CAN 保持与混合动力车辆控制 ECU、ECM 和空调放大器间的通信,如图 9-2 所示。

提示:

因为蓄电池 ECU 连接到车身电气区域网络 (BEAN, Body Electrical Area Network),所以数据通过网关 ECU 传送。

三、系统控制

1. HV 蓄电池总成管理和安全保护功能

(1) 当车辆加速时,蓄电池总成放电;当车辆减速时,蓄电池总成通过转换制动能量充电。蓄电池 ECU 根据电压、电流和温度测算 HV 蓄电池的 SOC,然后将结果发送至 HV-ECU。混合动力车辆控制 ECU 根据 SOC 执行充电和放电控制。

(2) 如果故障发生,则蓄电池 ECU 执行安全保护功能,依照故障程度保护 HV 蓄电池总成。

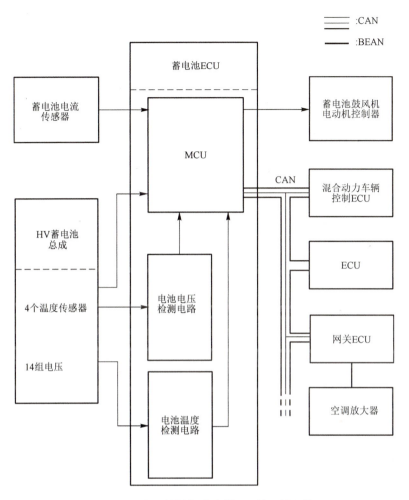

图 9-2　丰田普锐斯电池管理系统通信网络

2. 蓄电池鼓风机电动机控制

当车辆行驶时，为了控制 HV 蓄电池总成温度的升高，蓄电池 ECU 根据 HV 蓄电池总成的温度决定并控制蓄电池鼓风机的转速。

3. MIL（故障灯）控制

如果蓄电池 ECU 检测到影响排放的故障，它将把 MIL 点亮的请求传送给混合动力车辆控制 ECU，由混合动力车辆控制 ECU 控制 MIL（蓄电池 ECU 不直接点亮 MIL）。

四、系统工作原理

丰田普锐斯镍氢电池管理系统电路如图 9-3 所示。从图中可知，该电池管理系统对电池采用了分组管理，168 块电池分成 14 组，一组的单体电池数为 12 个，标称电压为 14.4 V，蓄电池总电压是各组电池电压的和。

蓄电池的电流监测通过霍尔式电流传感器实现，对蓄电池的电流进行数值积分可确定电池容量（SOC）。

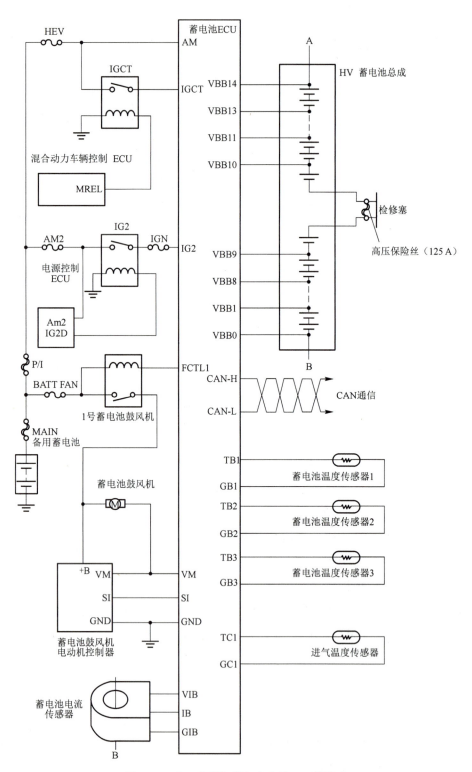

图9-3 丰田普锐斯镍氢电池管理系统电路

镍氢电池的温度由电池箱内的 3 个温度传感器确定，电池的进风口采用 1 个温度传感器，出风口采用 2 个温度传感器。进气鼓风机采用调速控制模块进行转速控制，由进风口和出风口温度差，以及一个进风口进气温度传感器决定转速。

电池管理系统生成转速和自诊断的故障等信息通过 CAN 总线实现网络共享。

第二节 蓄电池 ECU 供电系统检修

一、蓄电池 ECU

1. 简述

蓄电池 ECU 对电池组的电压监测如图 9 – 4 所示。HV – ECU 根据从蓄电池 ECU 接收到的故障信号来提示驾驶员，并使安全保护控制起作用。例如，通过来自蓄电池 ECU 异常信号输入（ROM/RAM 故障），提醒驾驶员检修 HV 蓄电池系统和蓄电池 ECU。

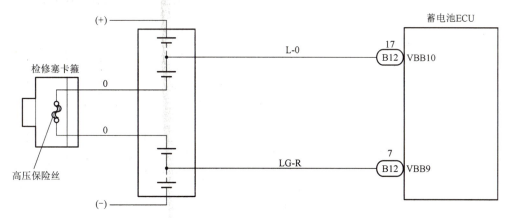

图 9 – 4　蓄电池 ECU 对电池组的电压监测

2. 监控说明

HV – ECU 计算已接收的 HV 蓄电池电压、增压转换器电压和变频器电压间的差，如果任一差值超过指定值，则判定蓄电池电压电路存在故障，同时将点亮 MIL 并设定 DTC。

3. 检查步骤

提示：

修理故障之后，重新起动系统（打开 READY 灯）并再次检查 DTC。

读取输出 DTC 步骤（HV 蓄电池）：

(1) 将智能测试仪连接到 DLC3；

(2) 打开电源开关（IG）；

(3) 打开智能测试仪；

（4）进入 Powertrain/HV Battery/DTC 菜单；

（5）读取 DTC。

蓄电池 ECU 将 HV 蓄电池电压的信息通过 CAN 通信传送到 HV – ECU，若出现 HV 蓄电池电压电路故障，请检查 HV 蓄电池电压电路，如检修塞卡箍、高压保险丝、蓄电池检修塞、蓄电池 ECU。

检查步骤如下。

（1）注意在检查高压系统之前，采取安全措施以避免发生触电事故，如戴上绝缘手套来拆下检修塞卡箍。拆下检修塞卡箍后，将它放入口袋内，防止在维修高压系统时其他技师将它重新连接。

（2）断开检修塞卡箍后，5 min 内请不要接触任何高压连接器或端子。

提示：

等待 5 min 的目的是使变频器内的高压电容器充分放电。

二、电源控制 ECU 供电

电源控制 ECU 供电方式如图 9 – 5 所示，供电开关起动信号间接传输电路如图 9 – 6 所示。驾驶员在踩下制动踏板过程中，同时按下电源开关，则电源控制 ECU 发送 ST 信号到 HV – ECU。

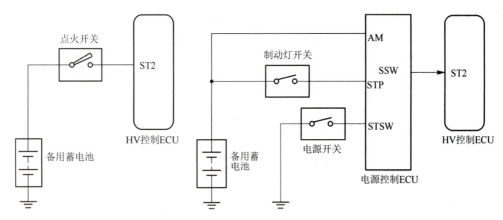

图 9 – 5　电源控制 ECU 供电方式

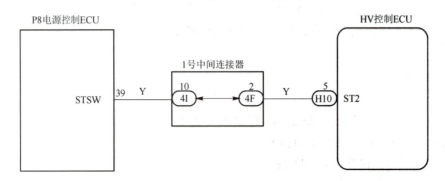

图 9 – 6　供电开关起动信号间接传输电路

HV 控制 ECU 监控 ST 信号以检测故障。如果 ST 信号不能满足电源需要，ST 将会持续打开，这将导致 HV 系统仅通过打开电源开关（IG）起动。

当电源开关关闭时，HV 控制 ECU 的 ST 信号打开，若有故障，检查线束或连接器和电源控制 ECU。

HV 控制 ECU 进行大量诊断以确认 ECU 系统内部和外部是否正确运行。

①HV 控制 ECU 在其中一项诊断中检查发电机 CPU 自行测试结果。如果 HV 控制 ECU 通过发电机 CPU 自行测试检测到"Fail（故障）"，则会判定发电机 CPU 出现内部故障。

②HV 控制 ECU 在其中一项监控中检查电动机主 CPU 串行通信。如果 HV 控制 ECU 检测到故障，则判定从 HV 控制 ECU 到电动机主 CPU 串行通信都存在内部故障。

③HV 控制 ECU 进行诊断监控以确认 ECU 系统内部和外部是否正确运行。HV 控制 ECU 在其中一项监控中监控电动机主 CPU 电源。

④HV 控制 ECU 在此诊断监控中检查电动机解角传感器有无 R/D（解角传感器/数据转换器）故障。如果 HV 控制 ECU 检测到 R/D 故障，则判定电动机解角传感器存在内部故障。

⑤HV 控制 ECU 在其中一项诊断中检查电动机 CPU 自行测试结果。如果 HV 控制 ECU 通过电动机 CPU 自行测试检测到"Fail（故障）"，则判定电动机主 CPU 出现内部故障。

⑥HV 控制 ECU 在其中一项诊断中监控 HV 控制 ECU 重要的 RAM 电路。如果 HV 控制 ECU 检测到重要的 RAM 电路故障，则判定 HV 控制 ECU 存在内部故障。

⑦HV 控制 ECU 在此项诊断监控中检查来自电动机主 CPU 的 REF 信号有无故障。如果 HV 控制 ECU 检测到 REF 信号故障，则判定电动机主 CPU、REF 信号或 HV 控制 ECU 存在故障。

⑧HV 控制 ECU 在此项诊断监控中检查 CAN 控制器的通信总线断开数量和信息调节器。如果检测到通信总线断开或信息调节器故障，则判定 HV 控制 ECU 存在故障，将点亮 MIL 并设定 DTC。

三、ECU 供电系统

1. 简述

电源系统控制电路如图 9-7 所示，蓄电池 ECU 将 IG2 电压信息通过 CAN 通信传送到 HV-ECU。若出现蓄电池 ECU 的 IG2 信号电路故障，应检修线束或连接器和蓄电池 ECU。

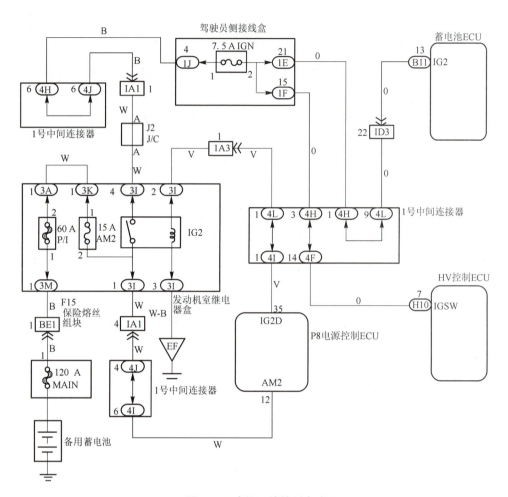

图 9-7 电源系统控制电路

2. 监控说明

当电源开关（IG）打开，所发送蓄电池 ECU 的 IG2 电压低时，HV-ECU 判定蓄电池 ECU 的 IG2 端子存在电路故障，将点亮 MIL 并设定 DTC。

四、HV 主继电器

1. 简述

HV-ECU 供电电路如图 9-8 所示。HV 控制 ECU 通过监控 IGCT 继电器和 IG2 继电器来检测故障。

2. 故障检修

若出现 IGCT 继电器始终关闭，则应检修线束或连接器和集成继电器（IGCT 继电器）；若出现 IG2 逻辑矛盾，则应检修线束或连接器和集成继电器（IG2 继电器）。

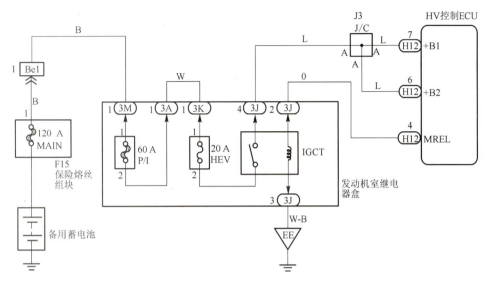

图 9-8 HV-ECU 供电电路

第三节 蓄电池管理系统检修

实用的蓄电池管理系统具有蓄电池温度管理和蓄电池电压一致性监测功能。蓄电池电压一致性监测可以及时对电压一致性不好的蓄电池更换,如出现过高电压和过低电压的蓄电池,管理系统会及时报出蓄电池的箱号和位号。

一、HV 蓄电池故障

1. 简述

HV 蓄电池控制 ECU 根据从蓄电池 ECU 接收到的异常信号向驾驶员发出警告并进行安全保护控制。

2. 故障检修

来自蓄电池 ECU 的异常信号输入可以是 HV 蓄电池系统故障、高压保险丝熔断、HV 蓄电池冷却系统故障,这时应检修 HV 蓄电池系统和蓄电池 ECU。

由于车辆位于 N 挡,当燃油耗尽或 HV 控制系统出现故障而导致 HV 蓄电池的 SOC(充电量)减少时,要检修 HV 控制系统、燃油不足、HV 蓄电池总成。

二、混合动力蓄电池组冷却风扇控制

1. 简述

蓄电池组冷却风扇控制电路如图 9-9 所示。

鼓风机电动机控制器带有铝制散热片，通过调节蓄电池鼓风机的电压，使蓄电池鼓风机从后侧风道向 HV 蓄电池总成吹入空气，对安装在后侧风道里的鼓风机电动机控制器进行制冷。

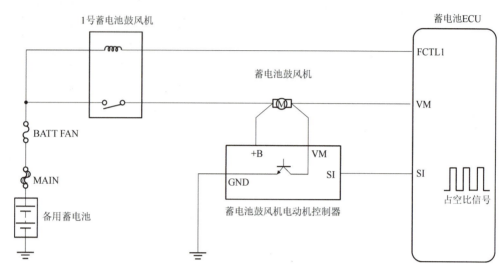

图 9-9　蓄电池组冷却风扇控制电路

电流从蓄电池 ECU 的 FCTL1 端子流向 1 号蓄电池鼓风机继电器的线圈；当继电器触点闭合时，则向蓄电池鼓风机供电。

当蓄电池 ECU 输出风扇运行信号时，蓄电池鼓风机电动机控制器调节施加给蓄电池鼓风机的电压（VM），以便获得需要的风扇转速，调节电压同时以监控信号的形式输送给蓄电池 ECU 的 VM 端子。蓄电池鼓风机电动机控制器通过监控蓄电池鼓风机 +B 端子的电压来纠正蓄电池鼓风机电动机的电压。

FCTL1 控制 1 号蓄电池鼓风机继电器工作，开关闭合向蓄电池鼓风机供电，+B 向蓄电池鼓风机电动机控制器供电，VM 端子监测电机控制器的分压，SI 是根据温度传感器确定的占空比信号，用于驱动功率三极管。

【技师指导】FCTL1 是 FAN Control 1 的缩写，VM 是 Voltage Monitor 的缩写，SI 是 Signal Input 的缩写。

2. 故障检修

当出现车速恒定时，若蓄电池鼓风机电压低于故障极限或高于故障极限，则应检修故障可能发生的部位如下：

(1) 线束或连接器；
(2) BATT FAN 保险丝；
(3) 1 号蓄电池鼓风机继电器（线圈通断和触点电阻）；
(4) 蓄电池鼓风机（采用加电法）；
(5) 后侧风道（蓄电池鼓风机电动机控制器）；
(6) 蓄电池 ECU。

蓄电池鼓风机电动机控制器如图 9-10 所示，蓄电池鼓风机接线器如图 9-11 所示。

图 9-10　蓄电池鼓风机电动机控制器

图 9-11　蓄电池鼓风机接线器

三、高压保险丝

尽管互锁开关已嵌合，VBB9 和 VBB10 端子间电压仍低于标准值（1 次检查逻辑），此时应检修高压保险丝、高压导线检修塞座、检修塞和蓄电池 ECU，高压导线和高压保险丝电阻应小于 1 Ω。高压导线电阻测量和保险丝测量分别如图 9-12 和图 9-13 所示。

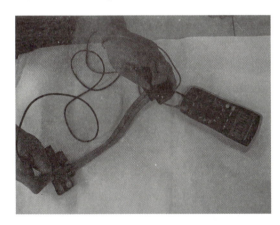

图 9-12　高压导线电阻测量

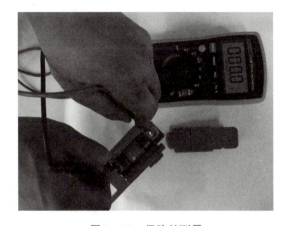

图 9-13　保险丝测量

四、混合动力蓄电池组电流传感器电路

1. 简述

安装在 HV 蓄电池总成负极电缆侧的蓄电池电流传感器（又称霍尔电流传感器）如图 9-14 所示，用于检测流入 HV 蓄电池的电流值。蓄电池电流传感器向蓄电池 ECU 的 IB 端子输入一个电压，其根据电流值在 0~5 V 之间变化，如图 9-15 所示。若蓄电池电流传感器的输出电压低于 2.5 V，则表示 HV 蓄电池总成正在充电；若高于 2.5 V，则表示 HV 蓄电池总成正在放电。

蓄电池根据输入到 IB 端子的信号来决定 HV 蓄电池总成的充电和放电，并通过确定电流值测算 HV 蓄电池的 SOC。

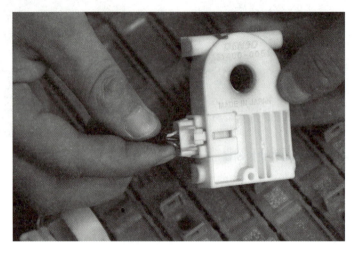

图 9-14　蓄电池电流传感器

2. 传感器监测图和信号输出

蓄电池电流传感器的测量电路和电压信号如图 9-15 所示。

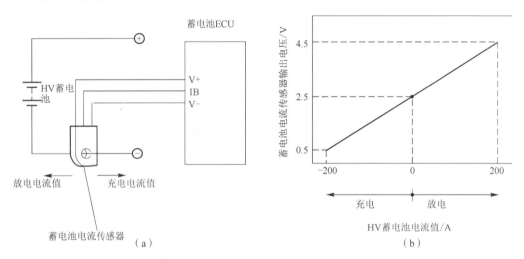

图 9-15　蓄电池电流传感器的测量电路和电压信号
（a）测量电路；（b）电压信号

3. 故障检修

蓄电池电流传感器电路如图 9-16 所示。当出现蓄电池电流传感器无供电故障、蓄电池电流传感器自身故障、蓄电池电流传感器内电压低或蓄电池电流传感器内电压高时，应检测 HV 蓄电池总成（线束或连接器）、蓄电池电流传感器和蓄电池 ECU。

图 9–16 蓄电池电流传感器电路

五、混合动力蓄电池温度传感器

1. 简述

在 HV 蓄电池总成的底部安装有 3 个蓄电池温度传感器。封闭在每个蓄电池温度传感器里的热敏电阻的阻值随着 HV 蓄电池总成温度的改变而改变。若蓄电池温度越低，则热敏电阻的阻值越高；相反，则阻值越低。

蓄电池 ECU 使用蓄电池温度传感器来检测 HV 蓄电池总成的温度，并根据检测结果控制蓄电池鼓风机。这样，当 HV 蓄电池温度上升到预定温度时，鼓风机风扇可立即起动。蓄电池温度和电阻的关系如图 9–17 所示，蓄电池温度传感器电路如图 9–18 所示。

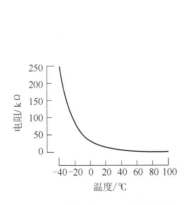

图 9–17 蓄电池温度和电阻的关系

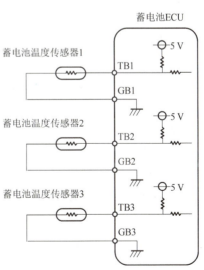

图 9–18 蓄电池温度传感器电路

2. 故障检修

出现蓄电池温度传感器故障、蓄电池温度传感器内阻异常时应检修 HV 蓄电池总成（HV 蓄电池温度传感器）和蓄电池 ECU。

六、混合动力蓄电池组空气温度传感器

1. 简述

蓄电池组空气温度传感器电路如图 9-19 所示。

蓄电池进气温度传感器位于 HV 蓄电池总成上，其阻值随着进气温度改变而改变，其特性与蓄电池温度传感器的特性相同。蓄电池 ECU 使用蓄电池进气温度传感器的信号调节蓄电池鼓风机的空气流速。

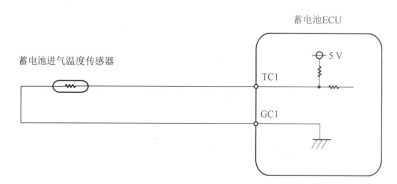

图 9-19 蓄电池组空气温度传感器电路

2. 故障检修

若进气温度传感器检测到开路或 +B 短路显示 -45 ℃，或检测到 GND 短路显示 95 ℃（1 次检查逻辑），此时应检修 HV 蓄电池总成（进气温度传感器）和蓄电池 ECU。

七、混合动力蓄电池系统电压

1. 简述

蓄电池分组电压采集电路如图 9-20 所示。若出现各蓄电池盒电压低于 2 V（2 组电池一监测）或所有蓄电池盒电压为 -24~2 V，则故障可能发生的部位为接线盒总成（母线模块）、2 号车架线（母线或线束）、蓄电池 ECU。

2. 故障检修

镍氢电池模块的串联如图 9-21 所示。检查是否将 2 号车架线螺母拧紧至规定扭矩（5.4 N·m），检查 2 号车架线（母线或线束）各连接器电阻是否小于 1 Ω。

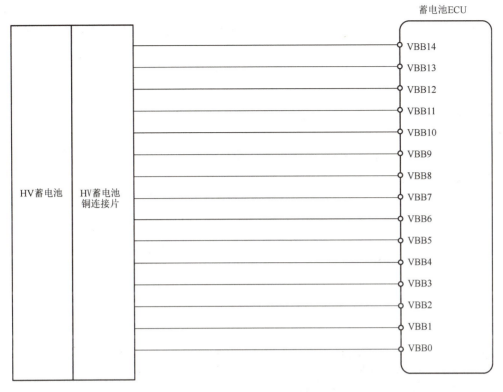

图 9-20　蓄电池分组电压采集电路

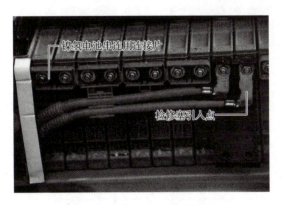

图 9-21　镍氢电池模块的串联

八、蓄电池被检单元间电压差大

根据蓄电池每个被检单元的电压，判定有故障的被检单元（1次检查逻辑）、HV蓄电池总成和蓄电池ECU。当读取Data List时，所有被检单元电压相差应在0.3 V以内，否则应更换电池。

【技师指导】第二代普锐斯电池共168块，分成28组，每组6块，每12块为一个被检单元,共 14 个被检单元,当发现 14 个被检单元的最大电压和最小电压大于 0.3 V 时,说明蓄电池有损坏,应尽快更换,否则将导致 168 块电池寿命大大缩短。

九、蓄电池 ECU 与 HV – ECU 通信中断

蓄电池 ECU 通过 CAN 通信接收来自混合动力车辆控制 ECU、发动机 ECM 和网关 ECU 的信号。

当出现与发动机 ECM 的 CAN 通信故障(无信号接收)或混合动力车辆控制 ECU 的 CAN 通信故障(无信号接收)时,应检修 CAN 通信系统。

第四节 蓄电池 ECU 动态数据流

蓄电池管理 ECU 动态数据流共分 8 页,如图 9 – 22 至图 9 – 29 所示(翻译略),其动态分析过程略。

图 9 – 22 数据流第 1 页

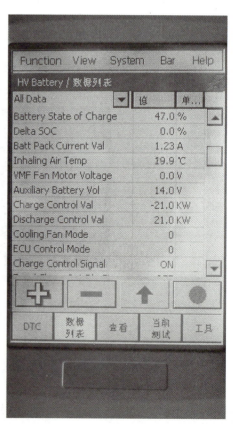

图 9 – 23 数据流第 2 页

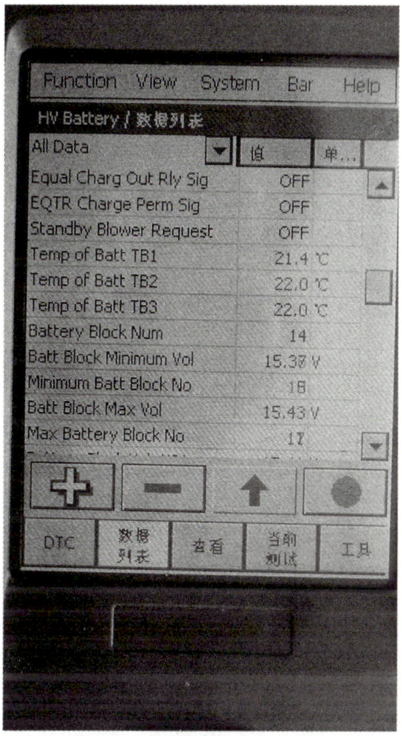

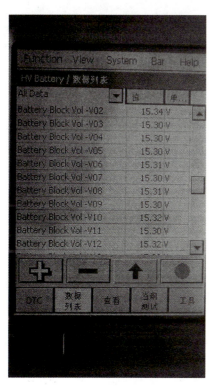

图 9-24 数据流第 3 页

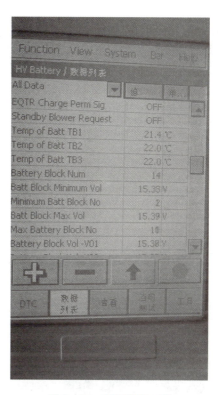

图 9-25 数据流第 4 页

图 9-26 数据流第 5 页

图 9-27 数据流第 6 页

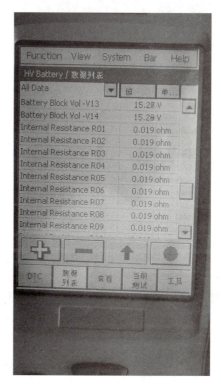

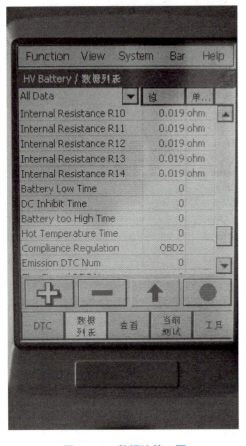

图 9-28 数据流第 7 页　　　　图 9-29 数据流第 8 页

第五节　丰田普锐斯第三代电池管理系统

一、主要部件位置图

电池管理系统的电池箱、保险丝和继电器如图 9-30 所示,动力管理控制 ECU 位置如图 9-31 所示,电池箱元件位置如图 9-32 所示。

二、系统电路图

电池管理系统也称为蓄电池智能单元。电池管理控制系统电路如图 9-33 所示。

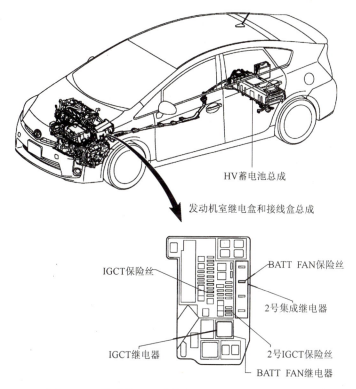

图 9-30 电池管理系统的电池箱、保险丝和继电器

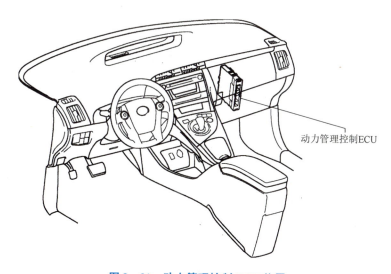

图 9-31 动力管理控制 ECU 位置

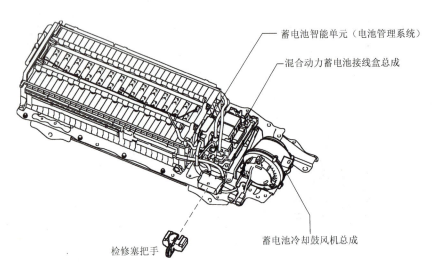

图 9-32 电池箱元件位置

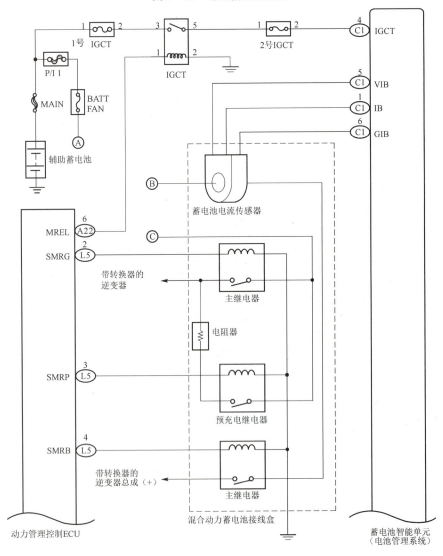

图 9-33 电池管理系统电路

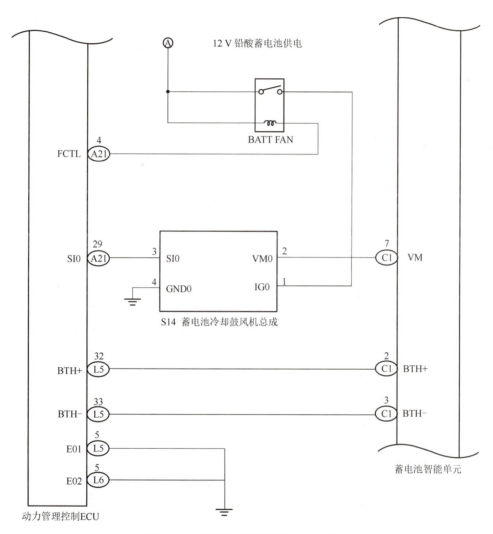

图9-33 电池管理控制系统电路（续）

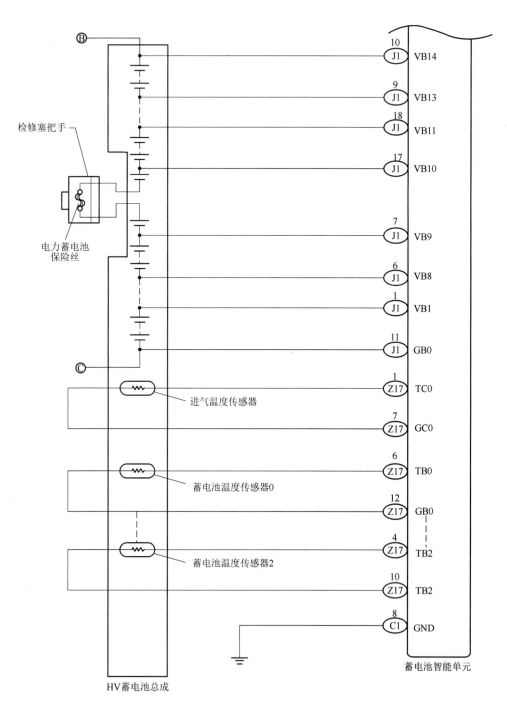

图 9-33 电池管理控制系统电路（续）

三、系统描述

电池管理系统控制框图如图 9-34 所示。它可以将判定充电或放电值（由动力管理控制 ECU 计算）所需的 HV 蓄电池状态信号（电压、电流和温度）转换为数字信号，并通过串行通信将其传输至动力管理控制 ECU。

电池管理系统采用漏电检测电路来检测 HV 蓄电池的任何漏电情况。此外，电池管理系统检测动力管理控制 ECU 所需的冷却风扇的电压，以实现冷却风扇控制。电池管理系统还将这些信号转换为数字信号并通过串行通信将其传输至动力管理控制 ECU。

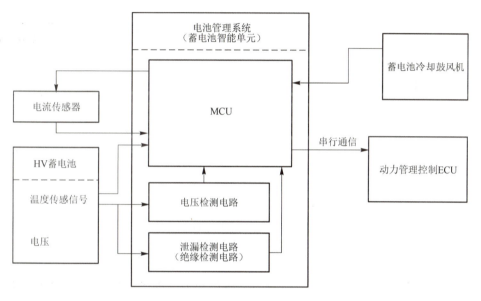

图 9-34　电池管理系统控制框图

第六节　电池管理系统检修

一、混合动力蓄电池组传感器模块

电池管理系统通过串行通信将 HV 蓄电池电压信息发送至动力管理控制 ECU。
检查程序如下。
注意：
当换挡杆置于 N 位置时，如果长时间执行检查程序，则可能导致设定 DTC 出现 P3000388 故障。

提示:

进行故障排除后,如有必要更换电池管理系统,则在安装新电池管理系统后要确认电压。

在电源开关置于 ON 位置、选择驻车挡(P)且发动机停机的情况下,确认数据表中的"Power Resource VB(电源电压)""VL – Voltage before Boosting(增压前的 VL – 电压)"和"VH – Voltage after Boosting(增压后的 VH – 电压)"为 220 V 或更高。

当系统正常时,电源电压 VB、增压前的 VL – 电压、增压后的 VH – 电压的值应几乎相等(换挡杆置于空挡时不会出现电压增加)。如果各电压之间的差超过表 9 – 1 所示的规定值,则说明带转换器的变频器有故障。

表 9 – 1 增压前的 VL – 电压、增压后的 VH – 电压、电源电压 VB 的电压允许差

检查电压	最大电压差/V
电源电压 VB 和增压前的 VL – 电压之间的差	50
电源电压 VB 和增压后的 VH – 电压之间的差	70
增压前的 VL – 电压和增压后的 VH – 电压之间的差	90

二、动力管理控制 ECU 和电池管理系统通信线

动力管理控制 ECU 根据电池管理系统发送的故障信号警告驾驶员并执行失效保护控制,如图 9 – 35 所示。

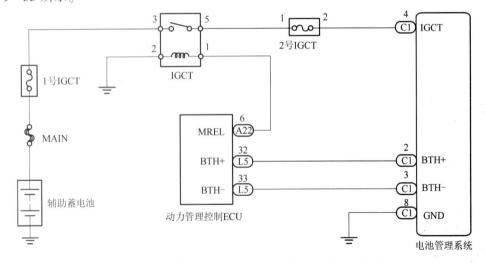

图 9 – 35 动力管理控制 ECU 和电池管理系统的通信电路

三、混合动力蓄电池组的分组电压

HV 蓄电池为镍氢电池，无须外部充电。在行驶过程中，动力管理控制 ECU 将 HV 蓄电池的 SOC（充电状态）控制在恒定水平。HV 蓄电池由 28 个模块组成，如图 9-36 所示，一个模块包括 6 个串联的 1.2 V 蓄电池单体，两个模块在信号电压采样上为一组，蓄电池智能单元储存 14 组蓄电池单元电压。14 组蓄电池单元电压的和为总电压，即升压前的电压，这个电压是蓄电池 SOC 测量的静态信号，而电流积分测量是动态测量 SOC 的信号。

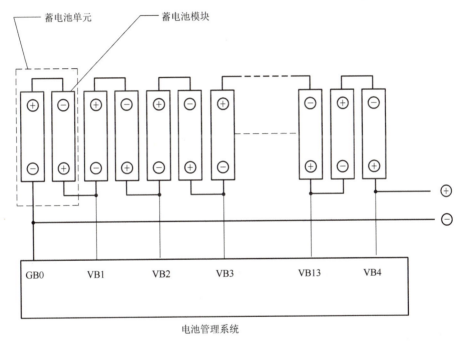

图 9-36 混合动力蓄电池组的 14 组电压测量

四、混合动力蓄电池组冷却风扇控制电路

蓄电池冷却鼓风机总成的转速由动力管理控制 ECU 控制。动力管理控制 ECU 端子 FCTL 打开蓄电池鼓风机继电器时，向蓄电池冷却鼓风机总成供电。动力管理控制 ECU 将指令信号（SI）发送至蓄电池冷却鼓风机总成，以获得与 HV 蓄电池温度相应的风扇转速。用串行通信通过电池管理系统，将关于施加到蓄电池冷却鼓风机总成（VM）电压的信息作为监控信号发送至动力管理控制 ECU。蓄电池冷却鼓风机转速控制框图如图 9-37 所示，蓄电池冷却鼓风机转动控制电路如图 9-38 所示，蓄电池冷却鼓风机转速控制电路如图 9-39 所示。

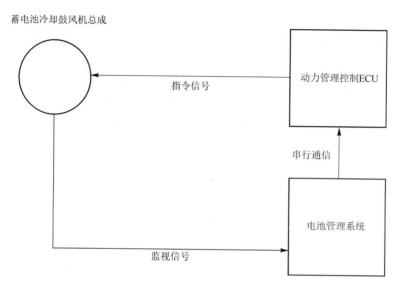

图 9-37 蓄电池冷却鼓风机转速控制框图

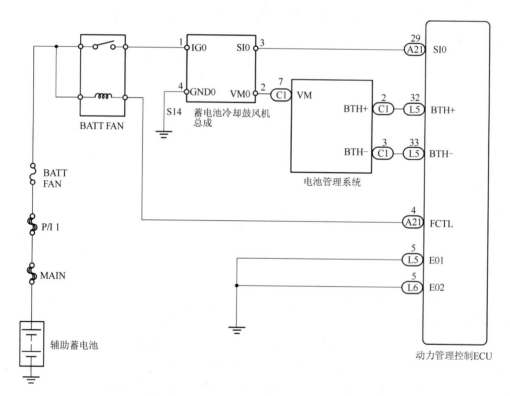

图 9-38 蓄电池冷却鼓风机转动控制电路

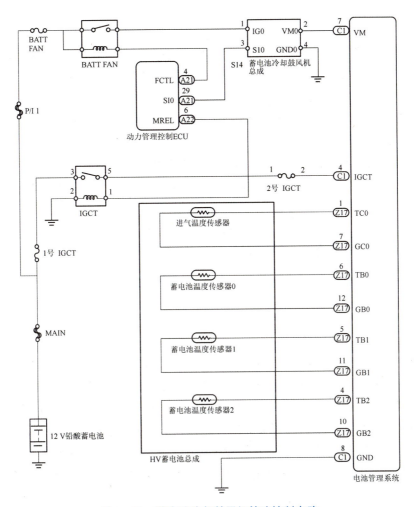

图 9-39 蓄电池冷却鼓风机转速控制电路

五、高压保险丝

1. 电路图

高压保险丝控制电路如图 9-40 所示。

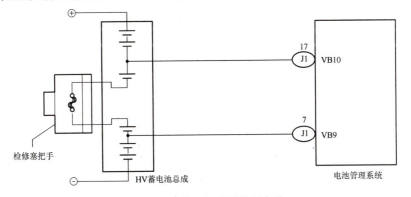

图 9-40 高压保险丝控制电路

2. 检查程序

（1）检查高压系统前，务必采取安全措施，如佩戴绝缘手套并拆下检修塞把手以防电击。拆下检修塞把手后放到自己口袋中，防止其他技师在进行高压系统作业时将其意外重新连接。

（2）拆下检修塞把手后，接触任何高压连接器或端子前，等待至少 10 min。

提示：

带转换器的逆变器总成内的高压电容器放电至少需 10 min。

（3）当 HV 蓄电池报废时，确保由能进行安全处理的授权收集商将其回收。

注意：

将电源开关置于 OFF 位置后，从辅助蓄电池负极（-）端子上断开电缆前需要等待一定的时间。因此，继续工作前必须阅读从辅助蓄电池负极（-）端子上断开电缆的注意事项。

六、混合动力蓄电池温度传感器

HV 蓄电池的 3 个位置均具有蓄电池温度传感器。内置于各蓄电池温度传感器的热敏电阻的阻值会根据 HV 蓄电池温度的变化而变化。蓄电池温度越低，热敏电阻的阻值越大。反之，温度越高，电阻越小。蓄电池温度传感器的温度 – 电阻特性曲线如图 9 – 41 所示，蓄电池温度传感器及电流传感器控制电路如图 9 – 42 所示。电池管理系统使用蓄电池温度传感器检测 HV 蓄电池温度，并将检测值发送至动力管理控制 ECU。动力管理控制 ECU 根据此检测结果控制鼓风机风扇（当 HV 蓄电池温度上升超过预定水平时，鼓风机风扇起动）。

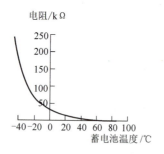

图 9 – 41　蓄电池温度传感器的温度 – 电阻特性曲线

七、混合动力蓄电池组空气温度传感器

进气温度传感器（蓄电池）安装在 HV 蓄电池上。传感器电阻随进气温度的变化而变化。进气温度传感器的特性与蓄电池温度传感器的特性相同。电池管理系统利用来自进气温度传感器的信号控制蓄电池冷却鼓风机总成的空气流量。

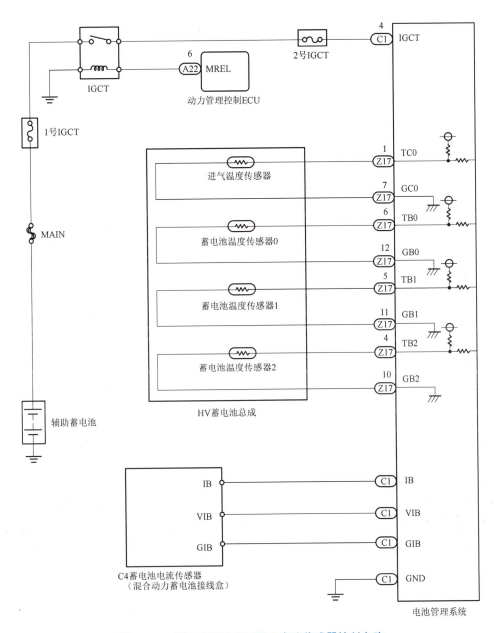

图 9-42　蓄电池温度传感器及电流传感器控制电路

八、混合动力蓄电池组电流传感器

蓄电池电流传感器安装在 HV 蓄电池总成的正极电缆侧,用于检测流入 HV 蓄电池的电流。蓄电池智能单元从蓄电池电流传感器将电压输入端子 IB,如图 9-43 所示,其蓄电池电流传感器控制电路如图 9-44 所示。该电压与电流成比例,并在 0~5 V 之间变化。蓄电池电流传感器的输出电压低于 2.5 V 时表示 HV 蓄电池正在放电,高于 2.5 V 时表示 HV 蓄电池正在充电。动力管理控制 ECU 根据从电池管理系统输入其端子 IB 的信号来确定 HV 蓄电池的充电和放电电流,并通过累计的电流计算 HV 蓄电池的 SOC(充电状态)。

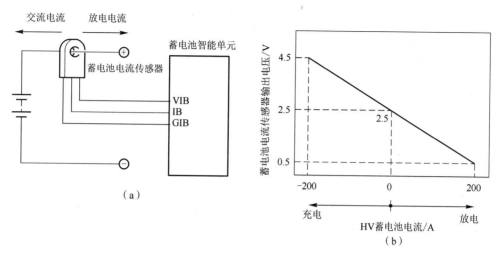

图 9-43 蓄电池电流传感器测量电路及其电压信号
（a）测量电路；（b）电压信号

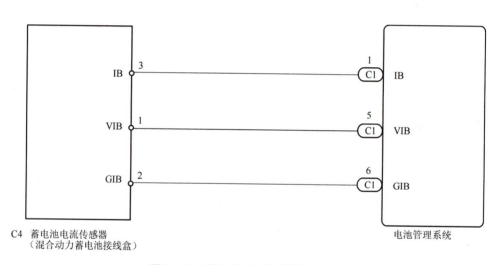

图 9-44 蓄电池电流传感器控制电路

九、电池管理系统和动力管理控制 ECU 的通信

如果电池管理系统检测到内部故障，则将故障信号发送至动力管理控制 ECU。动力管理控制 ECU 接收到来自蓄电池智能单元的故障信号时，将警告驾驶员并执行失效保护控制。

电池管理系统和动力管理控制 ECU 的通信如图 9-45 所示，其中 BTH 为 Battery to Hybrid 的缩写。

十、动力管理控制 ECU 与电池管理系统有关的输入/输出

动力管理控制 ECU 与电池管理系统有关的输入/输出如图 9-46 所示，图中向左的箭头

表示去往的元件,这里 ACCD、FCTL 为电流流入动力管理控制 ECU(电流方向向右),SPDI、IG1D、GI 为电流流出(电流方向向左),保险丝左侧接蓄电池的正极。

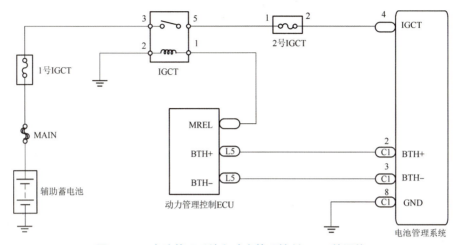

图 9-45 电池管理系统和动力管理控制 ECU 的通信

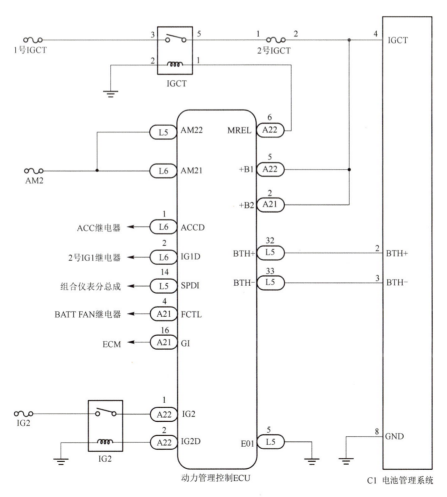

图 9-46 动力管理控制 ECU 与电池管理系统有关的输入/输出

新能源汽车电池及电池管理系统原理与检修

理论+实训一体工单

北京理工大学出版社
BEIJING INSTITUTE OF TECHNOLOGY PRESS

目 录
CONTENTS

第一章　新能源汽车发展史 …………………………………………（181）

　　第一节　纯电动汽车发展史 ………………………………………（181）

　　第二节　混合动力汽车发展史 ……………………………………（181）

　　第三节　燃料电池汽车发展史 ……………………………………（181）

第二章　电动汽车动力电池 …………………………………………（183）

　　第一节　蓄电池 ……………………………………………………（183）

　　第二节　铅酸电池 …………………………………………………（185）

　　第三节　镍氢电池 …………………………………………………（186）

　　第四节　锂离子电池 ………………………………………………（186）

　　第五节　锂离子电池箱 ……………………………………………（187）

第三章　电池管理系统 ………………………………………………（188）

　　第一节　电池管理系统的功能 ……………………………………（188）

　　第二节　电池管理系统的技术 ……………………………………（189）

　　第三节　电池管理系统的控制 ……………………………………（190）

第四章　高压配电箱原理与诊断 ……………………………………（191）

　　第一节　吉利高压配电箱原理与诊断 ……………………………（191）

　　第二节　比亚迪 E6 高压配电箱原理与诊断 ……………………（191）

　　第三节　高压配电箱诊断总结 ……………………………………（192）

第五章　电动汽车安全管理 …………………………………………（193）

　　第一节　汽车交流充电安全 ………………………………………（193）

　　第二节　电池失火和爆炸的处理 …………………………………（194）

　　第三节　过防护及错误的行业操作纠正 …………………………（194）

　　第四节　高压安全设计措施 ………………………………………（194）

　　第五节　绝缘电阻监测 ……………………………………………（195）

　　第六节　高压绝缘报警的诊断方法 ………………………………（196）

第六章 充电管理控制 (198)

第一节 电池充电方法 (198)
第二节 充电机功能简介 (198)
第三节 传导式充电接口 (200)
第四节 吉利汽车车载充电机 (201)
第五节 一汽奔腾车载充电机 (202)
第六节 交流充电管理 (202)
第七节 直流充电管理 (203)
第八节 充电过程控制 (204)

第七章 电池管理系统故障分析 (205)

第一节 电池管理系统故障诊断 (205)
第二节 更换电池的作业过程 (206)
第三节 电池管理系统数据流 (206)

第八章 典型纯电动汽车电池管理系统 (207)

第一节 吉利 EV300 电池管理系统 (207)
第二节 比亚迪 E6 电池管理系统 (209)

第九章 典型混合动力汽车电池管理系统 (210)

第一节 丰田普锐斯第二代电池管理系统 (210)
第二节 蓄电池 ECU 供电系统检修 (210)
第三节 蓄电池管理系统检修 (211)
第四节 蓄电池 ECU 动态数据流 (212)
第五节 丰田普锐斯第三代电池管理系统 (212)
第六节 电池管理系统检修 (212)

第一章

新能源汽车发展史

第一节　纯电动汽车发展史

1834 年，谁制造了一辆电动三轮车？

第二节　混合动力汽车发展史

1900 年，世界第一辆混合动力车由谁发明？

第三节　燃料电池汽车发展史

1. 燃料电池之父是谁？

2. 简述燃料电池的应用。

3. 简述氢燃料电池车的 3 个发展阶段。

4. 简述奔驰公司甲醇燃料电池汽车发展史。

5. 简述丰田燃料电池汽车发展史。

6. 简述本田燃料电池汽车发展历史。

7. 针对中国氢燃料电池汽车发展问题，相关研究人员结合多年研发和实践工作，提出了5个建议，请列写出来。

8. 目前，燃料电池汽车样车开发和示范运行都已证明其技术的可行性，但要达到实用化还面临着很多挑战，请列写出来。

第二章

电动汽车动力电池

第一节 蓄电池

1. 解释蓄电池性能指标。

(1) 电压（V）。

①电动势：

_____

②开路电压：

_____

③额定电压：

_____

④工作电压：

_____

⑤终止电压：

_____

(2) 电池容量（A·h）。

①理论容量：

_____

②实际容量：

_____

③标称容量：

_____

④额定容量：

_____

⑤荷电状态：

_____

（3）能量。
①标称能量：

②实际能量：

③能量/质量比：

④能量/体积比：

（4）功率。
①功率/质量比：

②功率/体积比：

（5）电池的内阻：

（6）循环次数：

（7）使用年限：

（8）放电速率。
①放电时率：

②放电倍率：

（9）自放电率：

（10）成本：

2．回答有关具体电池性能指标的问题。
（1）各种单体储能装置的性能指标比较时，一般比较什么？

（2）电动汽车的动力系统对电池的特别要求有哪些？

3．解释混合动力电动汽车对蓄电池的基本要求。
（1）比能量大：

（2）充电时间短：

(3) 连续放电率高:
_____

(4) 自放电率低:
_____

(5) 不需要复杂的运行环境:
_____

(6) 安全可靠:
_____

(7) 其他:
_____

4. 目前电动汽车两种电池类型是什么?
_____

第二节　铅酸电池

1. 简述铅酸电池的特点。
_____

2. 简述不同铅酸电池的特点。
(1) 启动铅酸蓄电池:
_____

(2) 动力铅酸蓄电池:
_____

3. 写出图 2-1 中铅酸电池的构造名称。
1 _____ ; 2 _____ ; 3 _____ ; 4 _____ ; 5 _____ ; 6 _____ ;
7 _____ ; 8 _____ ; 9 _____ ; 10 _____ ; 11 _____ ; 12 _____ 。

4. 简述铅酸电池的原理。
(1) 启动铅酸电池的化学反应方程式及充、放电过程:
_____
_____
_____

(2) 动力铅酸电池的化学反应方程式及充、放电过程:
_____
_____
_____
_____

第三节　镍氢电池

1. 简述镍氢电池的优、缺点。

2. 简述镍氢电池的构造。

3. 简述镍氢电池的工作原理。

4. 简述镍氢电池的充、放电特性。
（1）放电特性：

（2）充电特性：

第四节　锂离子电池

1. 简述锂离子电池的组成。

2. 简述不同锂离子电池的特点。
（1）普通锂离子电池：

（2）磷酸铁锂锂离子电池：

（3）全固态锂离子电池：

3. 简述锂离子电池的工作原理。

第五节 锂离子电池箱

1. 简述帝豪 EV300 电池箱铭牌。

2. 简述锂离子电池箱盖的构造和作用。

3. 简述电池箱的分解过程。

第三章 电池管理系统

第一节 电池管理系统的功能

1. 什么是电池管理系统?

2. 根据所学内容,回答为什么要进行电池管理。
(1) 单体电池问题。

(2) 电池成组问题。

3. 简述电池管理系统的功能。
(1) 输入信号。
①电压:

②温度:

③电流:

(2) 输出控制。
①SOC 计算:

②电压不一致：

③内阻不一致监控：

④低温或电量低时限流控制：

⑤上电继电器组控制：

⑥车载充电机充电电压控制：

⑦直流充电桩充电电压控制：

⑧直流充电继电器组：

⑨电池箱内部温度平衡控制：

⑩绝缘检测：

第二节 电池管理系统的技术

1. 简述 SOC 的估算方法。
(1) 安时法（电流积分法）：

(2) 开路电压（OCV 法）：

(3) 直流内阻法：

2. 简述动力电池组安全管理。

3. 简述电池箱热管理系统的方法。

4. 根据所学内容，回答电池组均衡方法的相关问题。
(1) 简述充电均衡。

(2) 简述充放电联合均衡。

___

(3) 简述动态均衡。

___

5. 根据所学内容,回答电池均衡技术的相关问题。
(1) 简述分流法(旁路法)。

___

(2) 简述切断法。

___

(3) 简述并联法。

___

6. 简述电池管理系统的故障诊断。

___
___

第三节　电池管理系统的控制

1. 写出教材中图 3-3 电池电量显示控制过程。

___
___

2. 写出教材中图 3-4 充电电压控制控制过程:

___
___

第四章

高压配电箱原理与诊断

第一节　吉利高压配电箱原理与诊断

1. 写出教材中图 4-1 吉利 EV300 外部高压网络不同功能的元件组成。

2. 写出教材中图 4-3 吉利 EV300 高压配电箱继电器组监测的原理。

3. 为什么新款电动汽车取消了检修塞？

第二节　比亚迪 E6 高压配电箱原理与诊断

1. 写出高压配电箱的作用。

2. 写出据教材中图 4-10 中变频器的供电过程。

3. 写出教材中图 4-11 中 DC/DC 的供电过程。

4. 写出教材中图 4-12 中空调供电继电器的工作过程。

5. 写出教材中图 4-13 中交流充电的工作过程。

6. 写出教材中图 4-14 中直流充电的工作过程。

7. 简述高压配电箱电流的检测方法。

第三节　高压配电箱诊断总结

1. 如何带电测量高压配电箱。

2. 简述高压配电箱组装要点。

3. 简述高压注意事项。

4. 如何进行低压参考点的选取？

5. 如何进行高压直流保险丝测量？

6. 如何进行高压直流继电器测量？

第五章

电动汽车安全管理

第一节　汽车交流充电安全

1. 变压器中性点为什么要接地？
   _____
2. 变压器中性点接地的优点是什么？缺点是什么？
   _____
3. 写出教材中图5-2中正常工作时的电流路径。
   _____
4. 写出教材图5-3有保护接地漏电的交流电流路径。
   _____
5. 写出教材中图5-4无保护接地，但有漏电保护开关的电流路径。
   _____
6. 写出教材中图5-5无保护接地，无漏电保护开关的电流路径。
   _____
7. 写出教材中5-6保护接地正常时的交流充电的电流路径。
   _____
8. 写出教材中图5-7有保护接地，车载充电机漏电时的交流电流路径。
   _____
9. 写出教材中图5-8保护接地意外断开后，车载充电机漏电时的交流电流路径。
   _____
10. 什么是接地双检测？
    _____
    _____
    _____

第二节　电池失火和爆炸的处理

1. 简述电池失火和爆炸的危险性。
_____

2. 简述充电过程中失火的处理。
_____

3. 简述行驶中或停车中失火的处理。
_____

第三节　过防护及错误的行业操作纠正

1. 请简述不同领域电压等级在汽车上的乱用。
_____

2. 请简述行业操作错误的类型。
_____

3. 根据所学内容，回答高压系统操作资格的相关问题。
（1）什么是高压意识培训？
_____

（2）什么是高压资格？
_____

（3）什么是高压产品资格？
_____

第四节　高压安全设计措施

1. 解释以下被动安全技术的术语。
（1）橙色电缆线：
_____

（2）防接触保护：
_____

2. 解释以下主动安全技术的术语。

（1）高压网络不共车身地：

_____

（2）高压对地绝缘检测：

_____

（3）高压互锁：

_____

3. 简述电缆外加金属网的作用。

_____

4. 简述高压接通锁或检修塞的作用。

_____

5. 在碰撞时如何切断高压系统？

_____

6. 高压产品如何进行电隔离？

_____

第五节　绝缘电阻监测

1. 简述绝缘电阻大小的确定标准。

_____

2. GB/T 18384.1—2001 中将动力蓄电池绝缘电阻定义为"如果动力蓄电池与地之间的某一点短路，最大（最坏情况下）的泄漏电流所对应的电阻"。绝缘电阻分为哪 3 种情况？

_____

3. GB/T 18384.1—2001 中规定动力蓄电池绝缘电阻最小值为多少 Ω/V（一级报警值），安全值为多少至多少 Ω/V（二级报警值）？

_____

4. 动力蓄电池电压为 366 V，则此时的最低绝缘电阻检测值多少 Ω？

_____

5. 简述通常 500 Ω/V 以下和 100 Ω/V 以下的绝缘监测的区别。

_____

6. 绝缘电阻的监测方法有哪些？

_____

7. 写出教材中图 5-12 中电动汽车绝缘电阻测量的原理。

_____

_____

8. 写出教材中图 5-13 中车辆绝缘检测电路的工作原理。
　_____
　_____

9. 等电位点测量的目的是什么？
　_____
　_____

10. 什么是绝缘电阻动态监测？
　_____
　_____

11. 什么情况下绝缘检测无法识别？
　_____
　_____

第六节　高压绝缘报警的诊断方法

1. 简述绝缘电阻表测绝缘电阻的原理。
　_____
　_____
　_____

2. 简述高压线路绝缘检查的原则。
　_____
　_____
　_____

3. 根据所学内容，回答电池箱内绝缘检查的相关问题。
（1）电池箱外部如何进行绝缘检测确认？
　_____

（2）电池箱内如何进行高压电缆分段绝缘检查？
　_____

（3）高压继电器如何进行绝缘检查？
　_____

（4）电池组如何进行绝缘检查？
　_____

4. 根据所学内容，回答电池箱外绝缘电阻检查的相关问题。
（1）变频器绝缘检测项目有哪些？
　_____

（2）电动机定子绝缘检测项目有哪些？
　_____
　_____

(3) 车载充电机绝缘检测项目有哪些？
_____

(4) 空调压缩机绝缘检测项目有哪些？
_____

(5) 空调 PTC 绝缘检测项目有哪些？
_____

(6) DC/DC 转换器绝缘检测项目有哪些？
_____

第六章

充电管理控制

第一节 电池充电方法

1. 什么是常规充电方式？

2. 什么是快速充电方式？

3. 无线充电方式有几种？哪种更适合电动汽车？

4. 解释下列英文缩写。
（1）V2G：

（2）V2H：

（3）V2V：

第二节 充电机功能简介

1. 充电桩的种类有哪些？

2. 简述充电机的自动设定方式。

3. 简述充电机的手动设定方式。

4. 简述充电模式智能三阶段充电模式。

5. 简述特殊功能数据转贮和处理。

6. 根据所学内容,回答监控功能的相关问题。
(1) 简述模拟量测量的显示功能。

(2) 简述控制功能。

(3) 简述告警功能。

(4) 简述事件记录功能。

(5) 简述参数整定和操作权限管理。

(6) 简述对时功能。

7. 简述显示功能。

8. 简述通信功能。

9. 根据所学内容,回答电动汽车智能充电及管理的相关内容。
(1) 简述采用均衡充电的方法。

(2) 简述内阻检测功能。

(3) 简述除硫养护功能。

(4) 简述电量计费功能。

(5) 简述联网监控。

(6) 简述续驶里程估算。

(7) 简述抗磁干扰。

(8) 简述人机交互。

第三节 传导式充电接口

1. 国标规定了两种充电接口形式是什么？

2. 简述各充电模式。
(1) 充电模式1：

(2) 充电模式2：

(3) 充电模式3：

3. 写出符号标志的名称（有作用时写出作用）。

4. 写出交流充电接口端子的功能。

5. 写出充电模式3.1直流充电接口的定义。

6. 根据教材中图6-8 CM31直流接口充电插头和充电插座界面示意写出低压辅助电源的作用和CAN的作用。

7. 根据所学内容，回答充电接口工作原理的相关问题。
(1) 写出端子连接顺序。

(2) 简述确认充电接口的连接的方法。

(3) 简述输出功率调整的方法。

(4) 简述充电系统停止的方法。

(5) 简述充电系统启动的方法。

(6) 简述充电系统的故障停止。

(7) 简述特殊模式充电。

(8) 简述直流充电接口带载插拔保护的原理。

第四节　吉利汽车车载充电机

1. 在实践中找到车载充电机，描述其外观、作用。

2. 在实践中找到 2017 款吉利车载充电机的下列元件，描述其外观、作用。
(1) 高压橙色导线：

(2) 互锁线：

(3) 220 V 交流线：

(4) 控制线束：

(5) 印刷电路板间排线：

第五节　一汽奔腾车载充电机

1. 根据所学内容，回答车载充电机功能的相关问题。
(1) 什么是独立式？

(2) 什么是非独立式？

2. 根据所学内容，回答独立式车载充电机的相关问题。
(1) 简述充电口上的 CP 和 PP 的作用。

(2) 简述交流充电机的外接充电口不需要和 BMS 通信的原因。

(3) 简述车载充电机上的电源供应属于 TN‑S 网络的原因。

(4) 简述车载充电机充电前要完成的任务。

(5) 简述车载充电机充电过程中要完成的任务。

3. 简述车载充电机组成。

4. 根据所学内容，回答充电时间长的相关问题。
(1) 故障现象：

(2) 故障原因：

(3) 故障排除：

第六节　交流充电管理

1. 描述交流充电桩的功能。

2. 描述交流充电桩的原理。

3. 描述报警检测与控制电路的作用。

4. 描述弱电控制系统功能。

第七节　直流充电管理

1. 写出直流充电桩充电口的标识。

2. 写出充电控制流程。

3. 写出教材中图 6-30 直流充电桩各组成的功能。

4. 写出教材中图 6-32 直流充电模块内部元件的功能。

5. 根据所学内容，回答直流充电桩工作原理的相关问题。
(1) 写出车辆接口连接确认的原理。

(2) 写出直流充电桩自检的原理。

(3) 写出充电准备就绪阶段的工作过程。

(4) 写出充电阶段的工作过程。

（5）写出充电结束阶段的工作过程。
_____
_____

6. 根据所学内容，回答直流充电桩不充电的故障诊断的相关问题。
（1）写出充电机中止充电报文的原因。
_____

（2）写出充电桩和汽车电池管理系统（BMS）通讯超时的原因。
_____

（3）写出充电电压超过车辆最高允许电压的原因。
_____

（4）写出充电枪开关 S 由闭合变为断开的原因。
_____

（5）写出充电枪意外断开的原因。
_____

第八节　充电过程控制

1. 写出教材中图 6-40 的充电唤醒控制过程。
_____
_____

2. 写出教材中图 6-41 的交流充电控制过程。
_____
_____

3. 写出教材中图 6-42 的直流充电控制过程。
_____
_____

第七章

电池管理系统故障分析

第一节　电池管理系统故障诊断

1. 根据教材中图 7-1 写出吉利纯电动汽车电池管理系统的故障现象。

2. 如何进入自诊断？

3. 写出诊断过程的步骤。

4. 当电池箱内的电池有故障时应如何操作？

5. 当电池管理系统传感器有故障时应如何操作？

6. 当高压继电器故障时应如何操作？

7. 当绝缘有故障时应如何操作？

_____
_____
_____

第二节　更换电池的作业过程

1. 简述典型的电池箱上盖拆开步骤。

_____
_____
_____

2. 简述电池箱上盖的拆装过程。

_____
_____
_____

第三节　电池管理系统数据流

翻译教材中图7-19至图7-26的数据。

_____
_____
_____

第八章

典型纯电动汽车电池管理系统

第一节　吉利 EV300 电池管理系统

1. 根据所学内容，回答电池管理系统功能的相关问题。
（1）简述温度控制功能。
_____
_____

（2）简述高压配电箱继电器控制和诊断功能。
_____
_____

（3）简述电池 SOC 计算功能。
_____
_____

（4）简述电池电压和温度测量功能。
_____
_____

（5）简述电池故障诊断功能。
_____
_____

（6）简述信息共享功能。
_____
_____

2. 根据所学内容，回答电池箱温度管理系统的相关问题。
（1）简述锂离子电池冷却的过程。
_____
_____

(2) 简述锂离子电池加热的过程。

(3) 简述电池温度管理系统诊断方法。

3. 根据所学内容,回答系统电路图的相关问题。
(1) 简述电池 SOC 计算的过程。

(2) 简述电池内阻计算的过程。

(3) 简述电池箱电池温度的计算的过程。

(4) 简述高压配电控制的过程。

(5) 简述自诊断功能。

(6) 充电控制。
①简述交流充电控制的过程。

②简述直流充电控制的过程。

(7) 简述绝缘检测的过程。

(8) 简述交流充电口温度检测的过程。

(9) 简述 P−CAN 动力总线。

(10) 简述充电状态信号。

第二节　比亚迪 E6 电池管理系统

1. 根据所学内容,回答如下问题。

(1) 简述电池 SOC 计算的过程。

(2) 简述电池内阻计算的过程。

(3) 简述电池箱电池温度的计算的过程。

(4) 简述高压配电控制的过程。

(5) 简述自诊断功能。

(6) 简述充电控制的过程。

(7) 简述绝缘检测的过程。

(8) 简述交流充电口温度检测的过程。

第九章

典型混合动力汽车电池管理系统

第一节　丰田普锐斯第二代电池管理系统

1. 写出教材中图 9-1 的电池箱的部件名称和位置。
   _____
   _____

2. 写出教材中图 9-2 丰田普锐斯电池管理系统通信网络结构的输入和输出。
   _____
   _____

3. 写出 HV 蓄电池总成管理和安全保护功能。
   _____

4. 简述蓄电池鼓风机电机控制的过程。
   _____

5. 简述 MIL 故障灯控制的过程。
   _____

6. 根据教材中图 9-3，请写出电池箱中的电池温度控制的工作原理。
   _____
   _____

第二节　蓄电池 ECU 供电系统检修

1. 根据教材中图 9-4 蓄电池 ECU 对电池组的电压监测，写出其工作原理。
   _____
   _____
   _____

2. 根据教材中图 9-5 电源 ECU 供电控制方式，写出其工作原理。

3. 根据教材中图 9-7 电源系统控制电路图，写出其工作原理。

4. 根据教材中图 9-8 HV-ECU 供电电路图，写出其工作原理。

第三节　蓄电池管理系统检修

1. HV 蓄电池故障有哪些？

2. 根据教材中图 9-9 蓄电池组冷却风扇控制电路，写出其工作原理。

3. 高压保险丝多少安培？

4. 根据教材中图 9-15 蓄电池电流传感器测量电路电压信号输出，写出其工作原理。

5. 根据教材中图 9-17 蓄电池温度传感器温度和电阻的关系，写出其工作原理。

6. 根据教材中图 9-19 蓄电池组空气温度传感器电路，写出其工作原理。

7. 根据教材中图 9-20 蓄电池分组电压采集电路，写出其工作原理。

8. 如何处理蓄电池被检单元间电压差大的问题。

9. 如何处理蓄电池 ECU 与 HV ECU 通信中断的问题。

第四节　蓄电池 ECU 动态数据流

翻译教材中图 9-22～图 9-29 中的数据。

第五节　丰田普锐斯第三代电池管理系统

1. 根据教材中图 9-30、图 9-31 和图 9-32，列写电池管理系统的元件。

2. 根据教材中图 9-33，列写该电路中的元件。

3. 根据教材中图 9-34 电池管理系统控制框图，写出其工作原理。

第六节　电池管理系统检修

1. 写出混合动力蓄电池组传感器模块的工作原理。

2. 根据教材中图 9-35 动力管理 ECU 和电池管理系统的通信电路，写出其工作原理。

3. 根据教材中图 9-36 混合动力蓄电池组的 14 组电压测量，写出其工作原理。

4. 根据教材中图 9-38 蓄电池冷却鼓风机转动控制通信电路，写出其工作原理。
   _____
   _____

5. 根据教材中图 9-39 蓄电池冷却鼓风机的转速制电路，写出其工作原理。
   _____
   _____

6. 根据教材中图 9-40 高压保险丝控制电路，写出其工作原理。
   _____
   _____

7. 根据教材中图 9-41 蓄电池温度传感器的温度-电阻特性曲线，写出信号规律。
   _____
   _____

8. 根据教材中图 9-42 蓄电池温度传感器及电流传感器电路，写出其工作原理。
   _____
   _____

9. 写出混合动力蓄电池组空气温度传感器的工作原理。
   _____
   _____

10. 根据教材中图 9-43 蓄电池电流传感器测量电路及其电压信号，写出其工作原理。
    _____
    _____

11. 根据教材中图 9-45 电池管理系统和动力管理 ECU 的通信，写出其工作原理。
    _____
    _____

12. 根据教材中图 9-46 动力管理 ECU 与电池管理系统有关的输入/输出，写出其工作原理。
    _____
    _____